AF280906

Bibliografische Information der Deutschen Nationalbibliothek
Die Deutsche Nationalbibliothek verzeichnet diese Publikation in der
Deutschen Nationalbibliografie; detaillierte bibliografische Daten sind im
Internet über http://dnb.d-nb.de abrufbar.

Impressum:
© 2008 Peter Maier
Peter Maier, Der Morgen Danach
Herstellung und Verlag: Books on Demand GmbH, Norderstedt
ISBN: 978-3-8370-7520-5

2. überarbeitete Auflage 2009

Umschlaggestaltung: Eva Diehl
Umschlagfoto: Fabian Leuzinger

Der Morgen Danach

Gedanken über die Welt

Ein Handbuch
für das Verstehen der Zusammenhänge

2. Auflage

Inhaltsverzeichnis

Vorwort

Dieses Buch enthält für die meisten Leser wohl auch vieles Bekanntes und Offensichtliches. Dies ist auch unbedingt notwenig, da wir einen weiten Ausflug machen und dazu ein festes Fundament brauchen.

Wir werden ein widerspruchsfreies Weltbild erzeugen, dass uns unerreichte Höhenflüge erleben lassen wird. Wir werden sehen, wie einfach die mannigfaltigen Dimensionen der Welt zu verstehen sind, wenn wir die Zusammenhänge dort herstellen, wo sie wirklich existieren und dort auflösen, wo wir sie falsch vermutet haben. In diesem Buch geht es um simple Mathematik und Glauben. Es geht um Verstand und Gefühl. Und es geht darum, wie dies alles unter einen Hut zu bekommen ist.

Es geht um eine Reise, die jeder Schritt um Schritt mitmachen kann und die ihn doch mitten in Alices Wunderland führt. Jetzt aber nicht als hilfloses Opfer von den Erlebnissen hin und her geworfen zu werden, sondern als Meister fest auf dem Boden der Tatsachen. Als Geschöpf freudig im Wunder der Schöpfung.

Viele Themen werden angesprochen und möglicherweise dabei nur angeschnitten. In einigen Bereichen wird nur ein Schlaglicht aufgestellt oder die Richtung gewiesen. Manchmal wird der Leser auch nach weiterführenden Informationen suchen müssen, wenn er etwas vertiefen oder überprüfen möchte. Auch wenn jede Behauptung notwendig ist, um schlussendlich ein konsistentes Gesamtbild entwerfen zu können, muss die ein oder andere detaillierte Ausführung einem anderen jeweils themen-spezifischem und kritischem Werk überlassen werden. Neue Erfahrungen können in dieses Gerüst einsortiert werden und gefundene Puzzelsteine werden es verstärken.

So wurde auf Fußnoten, Anmerkungen und Quellenangaben verzichtet, da dieses Buch für sich selbst stehen soll. Ein Kritiker würde auch damit seine Meinung nicht ändern und dem Suchenden wird jede Hilfe gewährt, um Antworten auf offene Fragen zu finden.

Ein roter Faden zieht sich durch Kapitel 1,3,5,7 und 9. Die eingeschobenen Kapitel 2,4,6,8 und 10 sind eigenständig und geben jeweils einen zusätzlichen Standpunkt um das Thema zu erklären und um es zu vertiefen.

Na dann mal los & viel Spass!

Im Kindergarten

Eins plus eins ergibt Zwei. Diese Aussage wird uns noch oft beschäftigen. Jetzt wollen wir erst einmal ein Fragezeichen anfügen. Dazu mache ich erst einmal ein kleines Lagerfeuerchen.

Bitte übernehmen Sie keine Aussage ungeprüft, in diesem Fall hoffe ich aber, dass Sie für diesen Test nicht das Buch selbst verwenden. Jupp um die Ecke macht auch ein kleines Feuer, natürlich nur aus Altpapier und dem Buchrücken seines kleinen 1x1. Wenn wir diese beiden Feuer jetzt zusammenfügen, erhalten wir wieder ein Feuer. Zwei Kerzen nebeneinander sind zwei Kerzen. Aber übereinander bekomme ich nur eine längere.

Versuchen wir nun einen kleinen Schritt in die Welt des Verstandes. Wer lässt sich zweimal die Lottozahlen vorlesen, um die Möglichkeit gewonnen zu haben zu verdoppeln? Ich kann das gleiche beliebig oft anfügen und doch bleibt das Wissen immer das gleiche. Es verändert sich nicht mehr. Die Sichtweise, dass jemand jetzt das gleiche mehrmals weiss, ist ebenfalls an den Haaren herbeigezogen.

Versuchen wir es mal mit etwas Phantasie. Ich träume, einen Ball zu bekommen, noch einen und noch einen. Während ich noch so damit jongliere, stelle ich fest, dass ich immer nur einen Ball habe. Undenkbar für Sie? Na ja, ich konnte es gerade denken. In meinem Traum ergab eins plus eins immer noch eins. Genau so gut hätte es aber auch fünf ergeben können.

Dies kann eigentlich nur bedeuten, dass es sich bei der Aussage „eins plus eins ergibt zwei" nicht um eine absolute Wahrheit handelt. Man könnte also einschränkend sagen, in der Mathematik ergibt eins plus eins den Wert zwei. Wie weit dies richtig ist, werden wir sicherlich auch noch genauer überprüfen müssen.

Versuchen wir doch einmal, weitere Löcher in das Gebilde der Mathematik zu schießen. Im Gegensatz zum wirklichen Leben ergeben sich hier durch teilen immer nur Bruchteile des Ausgangswertes. „Geteilte Freude ist doppelte Freude" bringt den Mathematiker nicht zum Nachdenken. Ein Grundsatz der Mathematik ist, dass etwas was Du hast, niemand anderes haben kann. Wenn es gilt, einen Kuchen aufzuteilen, bekommt jeder nur ein immer kleineres Stück. Auf die im realen Leben wichtigen Dinge, wie z.B. Wissen, lässt sich Mathematik nicht anwenden. Dadurch wird mit den Regeln eine Sichtweise definiert, die von Mangel geprägt ist.

Die Mathematik ist auf verschiedenen unbeweisbaren Annahmen aufgebaut. Diese werden Axiome (Glaubenssätze) genannt und dürfen nicht bezweifelt werden, da diese genau die Wissenschaft der Mathematik definieren. Wie wir aber gesehen haben, ist es recht einfach, den Allgemeingültigkeitsanspruch dieser Axiome in Frage zu stellen. Eigentlich behauptet ja auch niemand, dass diese Axiome allgemeingültig sind. Der Fehler passiert, wenn jemand in der Physik ein Phänomen für „wahr" hält, weil es entsprechend der Mathematik eine gültige Annahme darstellt. Das Problem entsteht, wenn der Physik eine Bedeutung gegeben wird, die über dem steht, was sie leisten kann. Die Physik kann nur Aussagen treffen, die im Bereich der Mathematik liegen. Wie viel dies wert ist, wollen wir jetzt betrachten.

Zunächst legen wir mal einen beliebigen Taschenrechner lahm. Für diese einfache Aufgabe tut es wirklich jeder Rechner. Tippen wir folgendes ein: „ 7 minus 5 plus 1 multipliziert mit 2 geteilt durch 0 „Ergebnis". Der Rechner sollte jetzt ein deutliches „Error" Symbol zeigen. So einfach ist eine von unendlich vielen Grenzen der Mathematik aufzuzeigen.

Dafür kann sie aber folgende Aufgabe lösen: Die Straßenbahn fährt im Depot leer los. An der ersten Station steigen 3 Leute ein, an der zweiten Station steigt 1 Person ein an der dritten Station steigen 5 Leute aus, an der vierten Station steigen 2 Leute ein. Ergibt nach Adam Riese gleich eine Person in der Straßenbahn. Herzlichen Glückwunsch! Oder zeigt dies an, wie sehr das Ergebnis interpretiert werden muss? Ist das Ergebnis falsch oder richtig? Ist der Fahrer mit ausgestiegen und die Bahn dann automatisch weitergefahren?

Versuchen wir einen kleinen weiteren Test. Dazu brauchen wir jetzt aber einen Taschenrechner mit der „Wurzel-Funktion". Diese Funktion soll angeben, welche Zahl mit sich selbst multipliziert, die eingegebene Zahl zum Ergebnis hätte. Im Taschenrechner tippen wir nun „1 minus 2 Wurzel". Schon wieder ein fetter Fehler? Dann haben wir aber nur einen billigen Rechner verwendet. Ein etwas besseres Model könnte etwa ein Ergebnis von (0,-1) ausgeben. Der Rechner möchte ausdrücken, dass ein Ergebnis gefunden wurde, dass nicht im Zahlenraum von realen Zahlen existiert. Er gibt einen Winkel und eine Entfernung an, wo sich das Ergebnis in Bezug auf wirkliche

Zahlen befindet. Mit solchen „Tricks" kann man immer neue n-dimensionale Zahlenräume aufbauen, deren Anspruch es ist, die Welt erklären oder abbilden zu können. Davon, dass ich damit ausrechnen kann, wie hungrig ich bin oder wie sehr ich jemanden mag, hat man noch nicht gehört. Schön wäre es auch, wenn wir einen Maßstab finden würden, der anzeigt, wie lustig ein Witz ist. Ich stelle mir vor, wie man einen Witz, der genau 3,72451 (Lach, nicht Liter) lustig ist, mit 57,75z (Zuneigung) verrechnet, um dann bestimmen zu können, ob jemand nachher in der Kantine Pommes als Beilage bestellen wird. Was ist es, dass den Witz lustig macht? Doch auf keinen Fall die genaue Analyse. Ein Witz kann nicht lustig werden, dadurch, dass er erklärt wird. Wenn ich über einen wirklich dummen Witz lachen will, sollte ich den Tag mit ein paar wirklichen Komikern verbringen. Das ist aber genau das Gegenteil von einer Rechenaufgabe, die durch Analyse gelöst wird.

Die Physik gilt heutzutage im Allgemeinen für zuständig, wenn Phänomene bzw. die „Welt" im allgemeinen erklärt werden soll. *Die Philosophie hat ihren Anspruch, das Gegenständliche erklären zu können schon lange an die Physik abgetreten.* Die Physik ist allerdings nur eine „abgeleitete" Wissenschaft der Mathematik. Möglicherweise könnte man die Physik als angewandte Mathematik bezeichnen. Was bedeutet es aber nun, wenn die Mathematik nur für die Mathematik gilt? Die Physik gilt dann natürlich auch nur für die Mathematik. Und nicht für die Welt, wie wir am Anfang des Kapitels ja leicht zeigen konnten.

Der eingefleischte Materialist wird jetzt vielleicht gerne den Menschen aus der Welt ausklammern und behaupten, dass die Physik nur die unbelebte Welt erklärt. Leider liegt er auch hier völlig daneben.

Zuerst einmal ist es nicht möglich, zwischen einer belebten und einer unbelebten Welt objektiv zu trennen. Wir bräuchten dazu eine allgemeingültige Erklärung was Leben ist. Hier scheiden sich die Geister - was ist, wenn jemand verstorben ist, und er wieder belebt wurde? War er zwischendurch unbelebt oder konnte er nur wieder belebt werden, weil er nicht wirklich tot war? Lebt eine Pflanze? Lebt ein Computer, der sich intelligent verhält? Ist ein kreativer Prozess notwendig, um Leben zu begründen? Wäre es nicht möglich, dass „Sein" selbst Leben begründet? Jedenfalls wäre es eine willkürliche Trennung irgendwo zwischen einem Fernsehzuschauer und einem Teller mit Chips, der vor ihm steht. Das eine lebt, das andere nicht. Welches Naturgesetz soll sich denn an diese Grenze halten? Wo genau wird einer der Chips auf dem Tisch zum belebten Teil? Beim Kauen oder erst in der Verdauung? Nirgendwo? Wo kommt dann aber das Belebte am Bierbauch her?

Vielleicht wäre es ein Versuch wert danach zu unterscheiden, was sich an die physikalischen bzw. mathematischen Gesetze hält? Da gibt es allerdings auch ein paar Schwierigkeiten.

Greifen wir einmal wahllos ein paar Beispiele aus der „unbelebten" Welt heraus. Seit Einstein wissen wir, dass alles relativ ist. Die im Labor als richtig überprüften Voraussagen haben leider auch ein paar Hintertürchen. So wissen wir nun, dass zu Längenbestimmung eines Objektes keineswegs ein einfacher Zollstock ausreicht. Eine entscheidende Rolle spielt die Geschwindigkeit des Objektes und die Geschwindigkeit des Zollstocks. Zwar sind relativistische Effekte stark von der Geschwindigkeit abhängig, aber wie schnell bewegen sie sich gerade? Vermutlich nicht sehr stark in Bezug auf die Eroberfläche, selbst falls Sie dieses Buch im Flugzeug lesen. Aber Ihre Geschwindigkeit durchs All? Das Problem bei dieser eigentlich recht einfachen Berechnung ist, dass es Variablen im Nenner gibt. Es bedeutet, in der Rechenaufgabe zur Längenbestimmung müssen mathematische Funktionen ausgeführt werden, die zu einem Fehler führen können. Dieser mögliche Fehler kann auch nicht durch die sonst üblichen Tricks, wie Annäherung, umgangen werden. Das Problem hierbei ist, eine unendlich kleine Änderung führt zu einem unendlich großem verschiedenen Ergebnis. So gibt es selbst bei ganz simplen physikalischen Beschreibungen eine Wahrscheinlichkeit, die ein beliebiges Ergebnis ermöglicht.

Richtig lustig wird es aber erst, wenn wir das ganze auch quantenmechanisch betrachten. Auch wenn es sich für die meisten so anhört, als ob es von einem Entsprungenen aus der Klapse ausgedacht ist, ergibt es sich aus der Mathematik und hält bis jetzt den Überprüfungen stand.

Eine der wichtigsten Aussage der Quantentechnik ist, dass der Beobachter eine entscheidende Rolle spielt. Ohne den Beobachter gibt es nichts zu beobachten. Die Formeln zeigen, dass man keine Aussage über ein Ereignis machen kann, wenn es niemanden interessiert. Eine Sache wird erst wahr, wenn sie jemand wahrnimmt. Die Quantenphysik zeigt, wie immer alle Möglichkeiten parallel existieren und der Beobachter entscheidet durch seine Beobachtung, was real wird. Durch die Beobachtung wird ein Ereignis oder eine Sache für den Beobachter wahr. Und der Beobachter entscheidet durch die Art der Beobachtung, welcher mögliche Aspekt existiert. Da diese Effekte sich beunruhigenderweise in atomaren Größenverhältnissen beobachten lassen, wurden Konstanten erfunden, die verhindern, dass diese Gesetzesmäßigkeiten sich im täglichen Leben einschleichen könnten. Dabei könnte die Aussage auch von einem Fünfjährigen kommen: „Damit etwas existiert, muss etwas existieren". Oder „Ohne Schöpfer keine Schöpfung". WOW, was für schlaue Dinge rauskommen können, wenn man nur lange genug in Zahlen rührt.

Wie zu zeigen war, ist die Mathematik zu beschränkt, um die Welt erklären zu können. Wir konnten auch zeigen, warum dies so ist. Die Mathematik ist auf *Glaubenssätzen* aufgebaut, die nicht in der Lage sind, die reale Welt abzubilden. Es ist zwar möglich, eine Irrationalität in der Mathematik abzubilden, dies zeigt dann aber auch schon die Grenze auf. „Eins" plus „Eins" ungleich „Zwei", wäre eine solche Funktion und es ist offensichtlich, wie dies die Mathematik sofort ad absurdum führt.
Wenn ich nun aber nicht in der Lage bin, die Welt mathematisch zu beschreiben, wird klar, dass die Physik auch nur eine Scheinwelt beschreibt!
Es ist wichtig zu verstehen, dass die Physik völlig ungeeignet ist, das Gegenständliche zu beschreiben.
Im Prinzip geht es um das Einstein zugeschriebene Zitat „Gib mir einen festen Punkt im Universum und ich hebe die Welt aus Ihren Angeln". Wenn sich irgendetwas finden ließe, dass in einem absoluten Sinne wahr ist, könnte man tatsächlich die Welt aus ihren Angeln heben. Da sie sich

aber noch munter um die Sonne dreht, könnte man fast vermuten, dass es noch niemand gefunden hat. Dies scheint ein erstes Indiz zu sein, dass dieser feste Punkt möglicherweise gar nicht existiert.

Halten wir zunächst einmal fest, dass die Axiome der Mathematik keineswegs allgemeingültige Wahrheiten sind.

Für das Sein sind Gefühle und emotionale Beziehungen deutlich wichtiger als scheinbar objektive Eigenschaften.

Die Lehre der reinen Logik hat den Fehler, von der Irrationalität geboren zu sein. Das schwere Handicap der Axiome hinterlässt den schalen Geschmack des Scheiterns im Versuch, die Welt als rational verstehen zu wollen.

Interview: Kornkreise

Das Gespräch über Kornkreise wurde an einem ganzen Tag geführt. Während einer Pilgerreise ergab sich immer wieder die Gelegenheit für die entsprechende nächste Nachfrage.

Autor: Was hat es mit den Kornkreisen auf sich?

Swami Vishwananda: Die Kornkreise werden von höheren (Geistigen) Wesen erschaffen, um den Menschen zu zeigen, daß sie nicht alleine sind. Sie sind mit einer materiellen Weltsicht nicht erklärbar.

Autor: Ist dies die einzige Funktion der Kornkreise?

Swami Vishwananda: Momentan wird sehr viel von den Menschen zerstört, verschwinden Möglichkeiten; im Sinne, daß diese Dinge, Aspekte weg sind. Die Kornkreise schaffen einen Ausgleich, indem sie neue Realitäten schaffen.

Autor: Hat also auch das Aussehen des Kornkreises eine weitere Bedeutung?

Swami Vishwananda: Ja, es ist eine Art Antwort auf das, was dann als Ausgleich benötigt wird.

Autor: Kornkreise sind nicht so sehr bekannt. Wie funktioniert dieser Ausgleich?

Swami Vishwananda: Die Welt ist das ausgedrückte Geistige. Es genügt, die Kornkreise (oder Bilder von Kornkreisen) anzusehen. Durch die Gedanken und im Geiste entsteht dann schon die "ausgleichende Realität".

Autor: Was ist dann mit berichteten Phänomen (z.B. Zeitanormalitäten) in Kornkreisen?

Swami Vishwananda: Da sich die Kornkreise in der Physik ausdrücken, haben sie auch physikalische Auswirkungen.

Autor: Es ist also eine Art "beweisbares" Wunder?

Swami Vishwananda: Zur Zeit passiert sehr viel in diesen Dimensionen. Der Einfluss auf die Erde ist gerade sehr hoch. Dadurch ändert sich viel, aber das meiste bekommt ihr nicht mit. Es gibt so viele "Wunder", dass aus einem Samenkorn ein Baum wird oder dass die Erde sich im Weltraum dreht. Ihr erkennt dies nicht, weil es gewöhnlich erscheint.

Autor: Ich habe einen Film gesehen, wo zwei fliegende Lichter Kornkreise erzeugen. Ist das echt?

Swami Vishwananda:: Ja, ich habe ihn auch gesehen. Dies ist auch ein Weg, wie die Kornkreise entstehen.

Die Wahrheit ist eine Lüge

Mein Gott! Auf was kann man sich denn dann noch verlassen, wenn selbst so angebetete Wahrheiten wie die Physik auf tönernen Füßen steht?

Das Schöne an der Mathematik ist, dass sie eine so sachliche und exakte Sprache darstellt. Selbst die Begrenzungen sind sehr genau definiert, natürlich nur innerhalb des eigenen Systems. Es gibt keinen Spielraum für Interpretationen im kleinen Einmaleins. In jedem Land der Erde und mit jeder Muttersprache kann eine Kommunikation mit Mathematik fehlerfrei stattfinden.

Leider lässt sich damit nicht so gut über das Wetter reden. Oder über das leckere Mittagessen letzte Woche. Oder warum es mit der Freundin wieder besser läuft. Das letzte Horoskop kann ich damit auch nicht diskutieren. Also die Sprache ist schon sehr genau, aber so ziemlich ungeeignet für alles, was das Leben ausmacht.

Wie kann ich nun die „Richtigkeit" einer Aussage bewerten, wenn ein Kommunikationssystem verwendet werden muss, das nicht exakt ist? Wie lässt sich ermessen, was richtig und was falsch ist, wenn die Symbole nicht eindeutig sind? Die meisten Menschen sind sehr wohl in der Lage, diese Aufgabe für sich erfolgreich zu lösen. Der Schlüssel liegt im Erkennen der Subjektivität einer Aussage.

Im Bezug auf „Meine Kinder erleichtern mir das Leben", wird kaum jemand eine Waage herausholen, um das zu überprüfen. Und auf „Dieses Kleid ist sehr schön", kann auch mit „Das glaubst Du" geantwortet werden.

Schon sind wir mitten in einem kleinen Streit. Jeder hat recht, aber will nicht einsehen, dass die eigene Wahrheit nicht die Wahrheit des anderen ist. Selbst wenn jemand intellektuell erkennt, dass der andere nach seiner Sichtweise durchaus auch recht haben könnte, ist es einfach keine gute Überlebensstrategie, bei unklaren Verhältnissen die eigene Sichtweise zu hinterfragen.

Die Welt kann alles bieten, viele Aspekte und verwirrende Zusammenhänge. Wer das alles ständig reflektieren will, hat viel zu tun und es bringt ihn kaum weiter. Eine einfache Wahrheit zu haben und diese für allgemeingültig zu halten, ist möglicherweise rücksichtslos, aber auch eine sehr mächtige Methode, um sich in der eigenen Welt zurechtzufinden. Und wo außer in der eigenen Welt würde man sich überhaupt zurecht finden wollen?

Das Problem fängt nur an, wenn man kommunizieren möchte. Um es sich einfach zu machen, unterhält man sich am besten mit jemanden der die gleiche Sprache spricht. Und damit ist nicht nur Englisch, Deutsch oder Chinesisch gemeint, sondern besonders auch die gleiche Weltvorstellung. Was hilft es, wenn der Bewährungshelfer mit dem Bankdirektor zusammen sitzt? Die haben sich nichts zu sagen, auch wenn sie das gleiche Symbolsystem beherrschen. Um sinnvoll zu diskutieren, braucht es eine gemeinsame Interessensgrundlage. Man muss sich über die Bedeutung der umgebenden Tatsachen einig sein. Eine lebhafte Unterhaltung ist eher zwischen einem Verbrecher und dem Polizist, als zwischen einem Arzt und einem Priester vorstellbar.

Eine brauchbare Aussage über den Wahrheitsgehalt lässt sich immer nur in Bezug auf eine Weltvorstellung machen. Wenn ich zum Beispiel äußere: „Diese braunen Pferde sind sehr schnell", sagt dies mehr über mich und mein Weltbild als über irgendwelche Pferde. Je nach dem wo, zu wem und in welchem Zusammenhang diese Äußerung fällt, könnte es auch Lachsalven auslösen oder als völlig unverständlich empfunden werden.

Ob man sich darüber im Klaren ist oder nicht, jeder hat eine Vorstellung von der Welt, die er für richtig hält. Anhand dieser Vorstellung kann man Werte wie „besser, schlechter" oder „richtig, falsch" den kleinen Ereignissen des Tages zuordnen. Wenn man nun diesen kleinen und großen Ereignissen eine Wichtigkeit gibt, kann man sich gegenseitig durch Unterhaltung von der Richtigkeit des eigenen Weltbildes überzeugen.

Dies ist notwendig, da die eigene Person und Persönlichkeit sich direkt aus dem eigenem Weltbild ergibt. Ich bin, was ich durch die Reflektion aus meiner Realitätsvorstellung von mir wahrnehme. Mit 1,92 Meter bin ich vielleicht der Größte im Ort. Im Club der Riesen bin ich damit vielleicht nur ein Liliputaner? Wenn ich mich also als Größten erfahren will, bleibe ich besser daheim. In der Kneipe um die Ecke wird niemand auf die Idee kommen mich anders als mit "Hey Riese" anzusprechen. Dies gilt genau so für jedes andere Attribut.

Was ist also der Weg aus der „Mittelmäßigkeit"? Natürlich die Änderung des Weltbildes! Wenn wir uns umschauen, können wir auch feststellen, dass im Allgemeinen die Sachen für jemand besonders wichtig sind, wo derjenige entsprechend gut oder besser ist. Was jemand wichtig ist, macht einen wichtigeren und größeren Teil seiner Realitätsvorstellung aus. Da nervt der Nachbar schon wieder mit den Bildern von den Pferden. Er möchte gerne die Bestätigung, dass seine Weltvorstellung (und damit ER selbst) richtig ist.

Es ist allerdings nicht möglich, eine allgemeingültige objektive Aussage zu machen. Eine Aussage ist immer trivial oder eine Glaubensaussage, meist beides. „Die weiße Wand ist Weiß", beschreibt als Glaubenaussage mein Weltbild. Wir finden den Glauben an Farben und an ein Konzept von Wänden. Ein Glauben an Begrenzungen. Wenn jetzt Tante Otilie mit einem geistigen Wesen spricht, würde dieses Wesen wohlmöglich die Existenz dieser Mauer bestreiten, genau so wie ein möglicher Leser die Existenz des geistigen Wesens bestreiten würde. Beide (der „Leser" und das „Wesen") würden möglicherweise behaupten, dass die Mauer bzw. das geistige Wesen lediglich in den Gedanken des anderen existieren. Wenn aber ein anderer Standpunkt, eine andere Weltsicht denkbar ist, kann die bezügliche Aussage nicht objektiv sein, sondern ergibt sich aus dem Glauben bzw. Weltbild des Aussagenden.

Es ist halt schwer die Nichtexistenz von etwas zu belegen, da es ja schon durch die Verneinung zumindest als Konzept geschaffen wurde. Gibt es Osterhasen, Mondlandungen und Weihnachtsmänner? Wer will das ernsthaft bestreiten? Wie könnte es Worte/Symbole für etwas geben, das nicht existiert? Das Symbol selbst schafft ja schon die entsprechende Realität in einer abstrakten Ebene. Die „weiße Wand" ist damit nicht unbezweifelbar objektiv oder ist eine triviale Aussage, wenn sie lediglich die durch die Aussage selbst geschaffene Realitätsvorstellung bestätigt.

Wenn ich mich also mit meinen Freunden über das Wetter, das letzte Fußballspiel oder nicht anwesende Bekannte unterhalte, bestätigen wir uns gegenseitig die Richtigkeit unserer Weltvorstellung. Wir tun dies, um uns zu versichern, dass in unserer Weltsicht keine Fehler sind. Damit unsere Weltsicht möglichst stimmig ist. Denn wenn meine Weltsicht stimmig ist, ergibt sich auch eine sichere und starke Persönlichkeit für mich. Das beinhaltet natürlich auch, dass ich nicht wirklich daran interessiert bin, etwas zu erfahren, dass mich verunsichern könnte. Es geht bei der Kommunikation um einen Prozess, durch den ich mich selbst definiere. Richtig und falsch, Wahrheit und Lüge sind nur vorgeschobene Machtmittel, mit denen versucht wird, dass eigene Weltbild zu verteidigen. Denn Werte, wie richtig und falsch, machen nur Sinn in Bezug auf etwas. Und auf was bezogen wird, ist das eigene Weltbild und keineswegs eine „Objektivität", die es sowieso nicht gibt. Wir können also erkennen, wie die Kommunikation lediglich dazu dient, eine Realitätsvorstellung zu bestätigen.

„Wahrheit" ergibt sich also erst einmal nur aus den Trivialitäten. „Eins plus Eins gleich Zwei", „Die weisse Wand ist Weiß" kann durchaus als „Wahrheit" durchgehen. Allerdings als ziemlich wertlose Wahrheit, da sie nur innerhalb ihres Weltbildes wahr ist. Ich „Glaube" die Dogmen (Axiome) der Mathematik und erkenne die Grenzen der Mathematik an – ja dann ist „Eins plus Eins gleich Zwei". *Innerhalb eines Weltbildes beweisen alle Aussagen die Richtigkeit einer Realitätsvorstellung.* Allerdings lässt sich ein Beweis immer nur innerhalb eines Weltbildes führen. Damit ist aber jeder Beweis objektiv wertlos, da er eigentlich nur die entsprechende Realitäts-vorstellung definiert. Schon René Descartes hat vor ungefähr 400 Jahren die Unmöglichkeit dargelegt, einem Individuum zu beweisen, dass seine Erfahrungen keine

Traumerlebnisse sind, sondern reale Ereignisse betreffen. Die brennende Frage, was eigentlich Realität ist, wird in diesem Kapitel ausführlich behandelt. Robert Anton Wilson hat diese Frage mit „Realität ist, was Du davon mitbekommst" beantwortet.

Die nächste Stufe der Wahrheit ergibt sich aus dem Wissen. Wissen ist die gewohnheitsmäßige Benutzung des eigenen Weltbildes. Es sind die Axiome der Weltvorstellung. Es ist der Grund, warum wir nicht mit einer Leiter spazieren gehen…. Wir wissen, dass Dinge nach unten fallen. Wissen ist täglich praktizierter Glauben. Es ist ein Glauben für den wir ein Funktionsmodel haben. Wissen gibt die große Kraft für die Persönlichkeit, da es niemals hinterfragt wird. Es ist damit sehr hilfreich für eine verlässliche und stabile Person. Allerdings gibt es kaum ein Wissen, was lange überlebt hat und Wissen ist auch nur in Bezug auf ein Weltbild zu verwenden. Dies könnte ein weiteres Indiz sein, dass es keine objektive Wahrheit gibt? Würde das aber nicht auch bedeuten, dass es keine objektive Realität gibt?
Schalten wir mal einen Gang hinunter und nehmen die nächste Stufe der „Wahrheit" in Angriff. Der Glaube ermöglicht uns etwas über unser Weltbild hinaus zu erfahren oder vorstellen zu können. Er muss im Gegensatz zum Wissen nicht logisch oder konsistent sein und kann daher über dem einengenden Verstand agieren. Aus der Zwangsjacke des Wissens befreit, wo er normalerweise nur das kümmerliche Fundament bilden darf, blüht er zur vollen Größe heran. Je weniger er sich mit dem Weltbild des Wissens reiben muss, desto stärker kann er sich entfalten. Jetzt wird Kaffeesatzlesen, Homöopathie oder Astrologie richtig verblüffende Ergebnisse liefern, weil hier erst gar

nicht der Versuch gemacht wird, die Pseudo-Rationalität des Verstandes zu bemühen. Nur die Wahrheit des Glaubens kann Größe schaffen. Erfinder, Entdecker oder Stars haben sich nicht ihr Fachgebiet ausgerechnet oder ausgemessen. Sie haben an etwas oder zumindest an sich selbst geglaubt. „Glaube" ist es völlig egal, wie ein „Weltbild" eine Sache erklärt. Der Glaube weiss wie „wahr" er ist, egal wie irrational es für viele aussehen mag. Wenn durch den Glauben an eine Sache etwas geschaffen wurde, hat es damit nur die Überlegenheit des Glaubens und die Irrationalität des ach so vernünftigen Weltbildes gezeigt.

Das Fundament sollte nun gelegt sein, auf das Siegertreppchen der Wahrheit zu steigen. Wahrheit ist immer subjektiv. Wahrheit entsteht aus wahrnehmen. Durch meine Wahrnehmung erschaffe ich die Wahrheit. Damit ist alles wahr, was ich wahrnehme. Es gibt keine von mir unabhängige Wahrheit. Es gibt keine von mir unabhängige Welt, für mich. Es ist einfach nicht so, dass da draußen irgendwo etwas objektiv Richtiges (eine Welt oder ein Universum) existiert, was lediglich durch verschiedene Filter oder Brillen unterschiedlich wahrgenommen wird. Es gibt überhaupt keine unabhängige reale Welt. Die Welten sind immer nur individuell, nur durch Kommunikation erreiche ich eine Überschneidung und Synchronisation von Realitätsvorstellungen. Durch ähnliche Realitätsvorstellungen wird der Eindruck von einer unabhängigen äußeren Welt geschaffen. Nur wenn man sich dazu entscheidet, die Welt in einer bestimmten Weise wahrzunehmen, ist die Welt entsprechend wahr.

Auf dieser Wellenlänge und in dieser Ecke des Universum tummeln sich lauter „Wesen" oder Realitätsvorstellungen, die genau diese Wellenlänge haben und in dieser Ecke abhängen. Was für ein Zufall! Es könnte natürlich auch damit zusammenhängen, dass genau dieses Weltbild notwendig ist, um hier mitzuspielen; praktisch so etwas wie eine Eintrittskarte. Realität wird durch Wahrnehmen geschaffen, aber „Sein" definiert sich aus der Kommunikation. Dies bedeutet, dass „diese" Welt aus Übereinkunft einer bestimmten Art der Wahrnehmung geschaffen ist und sie sich durch die beständige bestätigende Kommunikation erhält.

Wenn auch vielleicht gelegentlich einer über den Zaun springt und sich nicht an irgendwelche Regeln oder Wahrheiten hält, ist das Einschwingen auf die Wellenlänge dieses Realitätskonzeptes der Weg, um sinnvoll etwas mit dieser Welt anzustellen. Daraus ergibt sich so etwas wie eine biologische oder zelluläre Wahrheit, die mit der Muttermilch eingesogen wird. Das ist ein innerer Glaube, der innerhalb dieser Welt durch nichts und niemanden beschädigt werden kann. Es ist das, was ein Grundgerüst für diese Erfahrungswelt erzeugt.

Die äußere erfahrene Welt ist also durch den Verstand geschaffen. Der spannende Teil ist, dass die Qualitäten des Verstandes Logik und Ratio sind. Leider beruhen, wie zu zeigen war, diese Qualitäten nicht auf objektiven Wahrheiten, sondern auf Glauben. Dies begründet, dass die äußere - durch den Verstand geschaffene - Welt immer inkonsistent und schlussendlich irrational ist.

Gute Nachricht: Schrödingers Katze Lebt!

Aus Wikipedia: *„Bei Schrödingers Katze handelt es sich um ein Gedankenexperiment, das der östreichische Physiker Erwin Schrödinger (1887 – 1961) 1935 vorgeschlagen hat. Es sollte die Unvollständigkeit der Quantenmechanik demonstrieren, wenn man vom Verhalten subatomarer Systeme auf das makroskopischer Systeme schließen will."*

Ein Haufen von Wissenschaftlern streiten darüber, ob Quantenphysik sinnloses Gelaber ist oder ob es bedeutet, dass es multiple Universen gibt. In einem wäre die Katze lebendig und in einem anderen wäre sie tot.

Keine Angst, es ist nicht so, dass Du zwar die Lotterie gewonnen hast, Dich leider aber im falschen Universum befindest. Du bist zwar in der Lage eine Menge über Deine Realität zu erzählen, aber nicht über „Universum". Du lebst nur in einer Weltenebene und Du bist der Mittelpunkt Deiner Realität. Es gibt so viele Welten, wie es Wahrnehmungen gibt und vermutlich hast Du einige Kumpels in Deiner Gegend die mehr oder weniger die gleiche Weltvorstellung haben wie Du.

Der Punkt ist, solange die Katze von nichts und niemand bemerkt wird, gibt es sie auch nicht. Die Formel der Quantenphysik zeigt, solange es niemand interessiert, lässt sich auch nichts Bedeutsames darüber sagen. Ein Ereignis wird durch die Wahrnehmung in der eigenen Realität erzeugt. Dieses Ereignis ist niemals real im Sinne von

Universum, was offensichtlich wird, wenn man über die Eindrücke nachdenkt. Ein Eindruck kommt durch die Kombination von dem Verstand (Intellekt) und der Wahrnehmung, beide weit entfernt von der Perfektion. Es ist immer eine mehr oder weniger gute Annäherung durch den Prozess von Energie und Information.

Man erhält aber kein perfektes Ergebnis, wenn der Input nur ungefähr war. Man kann nicht mehr als eine Annäherung von einem Teil des Events bekommen. Es ist so real wie man glaubt, dieser Glaube wird stärker, wenn man ihn mit Freunden teilt.

Quantenphysiker wundern sich, dass sie nichts Reales finden. Auf die Idee, dass es einfach nichts zu finden gibt, wollen sie wohl nicht kommen.

Nehmen wir an, dass die Katze, zumindest auf einer abstrakten Ebene, ein gewisses Bewusstsein über sich selbst hat. Dann erzeugt sie sich selbst durch ihre eigene Wahrnehmung. Eine tote Katze kann dies sicherlich nicht, was beweist, dass die Katze lebt!

Nochmals, langsam zum Mitschreiben:
Wenn Wahrnehmung Realität erzeugt, gibt es dann auch Holz, wenn niemand hinschaut? Die Antwort ist: „Solange Herr Niemand noch an das Geräusch vom Wind in den Zweigen des Baumes denkt, solange gibt es auch den Baum, zumindest in seiner Phantasie." Die bessere Frage wäre „Was ist Existenz?", „Wie nimmt ein Baum (ein Stein) seine Realität wahr?". Wie real ist ein Traum? Wie real ist ein Gefühl? Versuche einmal zu glauben, ein Stück Papier zu sein. Nun verbrenne es. Ist der gefühlte Schmerz echt? Echt für einen Zuschauer? Es ist immer, was wir glauben.

Also schauen wir uns Schrödingers Experiment noch einmal etwas seriöser an. Wir haben einen Experimentator und eine Katze, die einigermaßen die gleiche Realität teilen. Wenn der Experimentator die Katze in die Box steckt, trennt er die Realität der Katze von der eigenen. Die Realität der Katze wird nur eine Expolation von ihrer Vergangenheit und möglicherweise auch ihrer Zukunft sein. Es scheint ein erfolgreiches Konzept zu sein, Zeit nicht notwendigerweise in einer Linie von der Vergangenheit in die Zukunft betrachten zu müssen. Außerdem erinnern wir uns jetzt mal schnell daran, dass "Wahrheit" nicht mit Symbolsystemen ausgedrückt werden kann. Es geht hier nur darum, dieses Modell zu verstehen.

Wenn die Katze also alleine mit dem Quanten-Experiment in der Kiste ist, wird nur die Katze der Schöpfer der Realität in der Kiste sein.

Wenn der Experimentator nun die Kiste wieder öffnet, muss die Realität der Katze mit seiner Realität wieder in Synchronisation gebracht werden. Abhängig von der verbrachten Zeit, Kondition und Kreativität der Katze wird der Experimentator nach wiederholten Experimenten folgende Ergebnisse bekommen:

X% Die Katze lebt.
X% Die Katze ist tot.
X% Es gibt mehrere Katzen in der Kiste.
X% Da ist ein munterer Frosch in der Kiste.
X% Da liegt ein toter Frosch in der Kiste.
X% Die Kiste ist leer (weil sie leer ist).
X% Die Kiste erscheint dem Experimentator leer, weil der Inhalt so fremd ist, dass er keine Referenz dafür in seinem

Wahrnehmungsvermögen hat. Falls er geistig flexibel ist, sieht er vielleicht ein UFO oder ein Alien.

Nachdem er also die offensichtlichen Fehler korrigiert und den „lustigen" Laborassistenten feuert, stellt er fest, wie das Experiment geglückt ist. Also, wie es nicht funktioniert hat, oder besser „funktioniert und nicht funktioniert" hat. Oder noch besser „Weder funktioniert noch nicht funktioniert" hat.

Der Zusammenbruch der Wellenfunktion bedeutet nichts anderes als „ohne Beobachter gibt es nicht zu beobachten". Oder damit etwas existiert, muss es existieren. Das war ein langer Weg, nur um wieder am Anfang anzukommen. Wenn wir etwas ausdrücken, ist es ein Glaube oder es ist trivial. Es gibt keine andere Möglichkeit! Man kann immer neue und unterschiedliche Worte und Systeme verwenden, damit es sich neu für das Ohr anhört, aber es ist immer die gleiche alte Geschichte. Es muss so lange wiederholt werden, bis man so gelangweilt ist, dass man es verstehen und transzendieren möchte.

Ein Ausflug in die Konsequenzen daraus:

Wir wollen nicht zu sehr psychologisch werden, aber man kann Widersprüche im eigenen Weltbild nur erkennen, wenn man dies wirklich möchte. Man muss sie suchen und die Intention haben, sie zu finden. Man kann es ignorieren, aber die Kommunikation wird dann immer schwerer, obwohl alle Fakten einem Recht geben.
Es macht keinen Sinn, jemanden einen Fehler aufzuzeigen, wenn er sein Modell richtig anwendet. Es ist leicht

jemanden zu ärgern, wenn man die Inkonsistenz in seinem Modell findet. Man sollte dies aber nicht bei Stärkeren machen - Wilhelm Reich starb im Gefängnis. Für jemanden, dessen Weltbild nur drei Dimensionen kennt, ist dieses Thema bedeutungslos. In einem solchen Weltbild IST Quantenphysik nur Mist. Sicherlich gibt es bessere Realitätsvorstellungen für die eine oder andere Situation, aber wenn ich die Freiheit der Wahl möchte, muss ich sie auch anderen zugestehen.

Jedermann ist exakt dort, wo er sein möchte. Jedermann hat das Recht genau da zu sein, wo er sein möchte.

Mein Vorschlag zu zwei grundlegenden Regeln:

1. **Man darf nicht darauf bestehen, jemandes Glaubenssystem zu verändern.**

2. **Man darf sich nicht beschweren.**

Vorsicht bei guten Ratschlägen…

…von Reichen. Sie suchen nicht Deine Gesellschaft. Wer da glaubt, das Zinssystem verstanden zu haben und nicht geschockt ist, der hat es nicht verstanden. Wenn jemand vermutet, dass es keine Verschwörung zur Unterdrückung, Ausbeutung und Verdummung der Menschheit gibt, hat er das Zinssystem nicht bedacht.

Stellen wir uns mal ein Monopoly Spiel vor. Am Ende einer Runde wird grob über den Tisch gefegt und der Gewinner darf die Spielregeln der nächsten Runde bestimmen. Spätestens bei der dritten Runde gibt es dann nur noch eine Regel: „Ich habe gewonnen". Jetzt macht das Spiel so richtig Spaß! Allerdings nur dem einen, den anderen wird es schnell doch ein wenig langweilig in der Statistenrolle als Verlierer.

Sklaverei ist eine sehr uneffektive Form der Unterdrückung. Für jeden, der schwitzen soll, brauche ich einige die aufpassen. Der Sklave weiß, wer ihn da in der Mangel hat. Eine kleine Schwäche, einmal kurz weggeschaut und das Humankapital macht ein Nickerchen oder schmiedet Pläne. Um das widerliche Pack zurück an den Spieltisch zu bekommen, ist es nicht brauchbar, sie dort mit Ketten anzubinden. Besser scheint es doch, die einzig gültige Regel vielleicht nicht so stark ins Rampenlicht zu stellen. Eine Einladung zu einer spannenden Runde Monopoly, wo jeder eine realistische und faire Chance* hat, ruft bestimmt mehr Begeisterung hervor.

*Das Kleingedruckte in Typo Enron-Beelzebub „Die faire Chance ist kaum um einige Größenordnungen kleiner als eine Ameise gegen eine Planierraupe" liest eher keiner mehr.

33

Neben dem Verschleiern des eigentlichen Spieles, ist es dann nur noch wichtig, die Mitspieler am Brett zu halten. Dies lässt sich am einfachsten erreichen, wenn sie überhaupt nicht wissen, dass es auch noch etwas anderes gibt. Bei diesem Monopoly Spiel gibt es ja nur diese eine Regel: „Ich habe gewonnen". Schon etwas schwierig, für die anderen Mitspieler, d.h. den Rest der Menschheit. Wenn die aber gar nicht auf die Idee kommen, sich am Tisch mal umzudrehen, finden sie auch kein Spiel, dass sie gewinnen könnten. Solange es dem gelingt, die Regel und die Alternativen zu verbergen, kann er eine Menge Spaß mit denen haben, die das eigentliche Spiel gar nicht mitbekommen.

Ich habe einmal bei Wikipedia unter Verschwörungen, Beispiele, „Es gib auch die Theorie, dass ein Zinssystem eine gigantische Verschwörung ist" eingegeben. Der Beitrag war in weniger als zwei Minuten wieder gelöscht. Der Autor von einem Buch über die Freigeldlehre schreibt, dass Kündigungen von Abonnements von dem Chefredakteur bearbeitet werden. Vor die Wahl gestellt, alternativ einen Beitrag über Freigeld zu veröffentlichen, akzeptiert jede Zeitung die Kündigung. Versuchen Sie doch einmal, einen Leserbrief auf einen beliebigen wirtschaftlichen Artikel in einem beliebigem Magazin oder Tageszeitung mit verbotenen Fragen zu stellen. Gerne nicht abgedruckt werden so Fragen wie „Warum brauchen wir Wachstum?, Wo ist eigentlich der in den letzten 50 Jahren erarbeitete Wohlstand hin?, Wo ist das Guthaben zu all den Schulden der Öffentlichen Hand, der Firmen und Privaten?"

Was ist also dieses Monopoly im Gegensatz zum kompletten Spielfeld? Es handelt sich in erster Line um eine genormte Sichtweise der Dinge. Um eine Weltvorstellung, die nicht zufällig entstanden ist, sondern mit einigem Aufwand erhalten wird.

Zum einen werden die Methoden von Machiavelli verwendet, die dieser schon im Jahre 1500 entwickelt hat. Der Herrscher soll nicht an überlieferte ethische Normen gebunden sein und darf nicht durch moralische Aspekte in der Ausübung seiner Rolle eingeschränkt werden. Machiavelli untersucht im Detail, wie ein Volk zu steuern ist und gib Tipps wie „Notwendige Grausamkeiten müssen kurz und heftig sein, damit sie bald vergessen werden, aber Wohltaten sollten in kleinen Mengen erfolgen, damit die Erinnerung sich lange hält."

Zum anderen wurde die Wissenschaft der Dialektik perfektioniert. Hier werden die Massen mit Hilfe von „Dialektischen Feldern" gesteuert. Es ist sehr schwierig, zu kontrollieren, was jemand denkt. Aber es ist nicht besonders schwierig, zu bestimmen über was jemand denkt. Wenn jemanden ein Bild mit der leicht bekleideten Susi saftig vor der Nase gewedelt wird, könnte es demjenigen ähnlich wie dem Esel mit der Karotte gehen; „Wann verschwindet dieses Ding endlich wieder". Es bedeutet, die Gedanken werden sich irgendwie mit dem Objekt beschäftigen und keine Pläne für eine Revolution aushecken. Es werden bei der Dialektik zwei gegensätzliche möglichst stark emotionale Standpunkte erzeugt. Durch die Emotionalität werden die Menschen eingefangen, d.h. sie begeben sich in das dialektische Feld. Jetzt ist es völlig bedeutungslos, welchen Standpunkt sie einnehmen. Die Auffassungen politisch rechts oder links, die Mannschaft war besser oder es wurde betrogen, spielt absolut keine Rolle. Solange nicht das Verbindende, das größere Bild oder die Bedeutungslosigkeit des kompletten dialektischen Feldes erkannt wird, hat die Kontrolle funktioniert.

Bestimmt haben sich viele schon oft gefragt, warum die Regierung den Eindruck eines Kasperletheater für Minderbemittelte macht? Warum für den Aufklärungsausschuss, ob die Monica dem Clinton nun einen Lewinskyed hat oder nicht, die hundertfachen Mittel zur Verfügung stehen, als für die Aufklärung des 9/11 Anschlag in New York. Warum über eine Dosenpfandverordnung jedes Detail öffentlich diskutiert und darüber im Parlament monatelang gestritten wird, aber eine neue Verfassung für die EU mit zwei Gegenstimmen schnell mal Dienstag Nachmittag durchgewunken wird. Die Antwort könnte sein: „Es macht den Eindruck eines Kasperletheaters, weil es ein Kasperletheater ist".

Wenn ich viel Geld habe, gründe ich vielleicht eine Partei, die meine Interessen vertreten soll. Netter Ansatz, aber jemand mit richtig viel Geld gründet zwei Parteien. Die einen nennt er dann „Rechts" und die anderen nennt er „Links". Beide vertreten natürlich nur die Interessen des Gründers, nach außen werden sie natürlich ein anderes Profil darstellen. Schon Georg Orwell hat 1948 in seinem Roman „1984" beschrieben, wie einfach alle gesellschaftlichen Strömungen am Ende von einer einzigen Quelle beherrscht werden können. Natürlich könnte ein vermögender Zeitgenosse auf bedrohliche Umstände warten und diese dann angemessen bekämpfen. Ein intelligenterer Standpunkt könnte aber auch sein: „Konkurrenz ist für die anderen". In Wirklichkeit bekämpft man sich natürlich besser mal selbst. Da kann man das Schlachtfeld viel besser abstecken und kennt die Pläne des Gegners ganz genau. Man hat sie schließlich selbst entworfen. Natürlich gibt es bei den handvoll Familien, die da glauben der Eigentümer des Globus zu sein, auch mal kleinere Meinungsverschiedenheiten. Da wird schon mal eine Partei „Die Grünen" gegründet, wenn jemand am Öl Monopol kratzt. Am Ende geht es aber mehr darum alle „Bewegungen" einzufangen und dem eigenen „Spin" zu geben. Wenn es ein Tierschutzverein bis in die lokale Presse schafft, bekommt er schon bald Unterstützung. Ein Ehrenamtlicher hilft, es fließen finanzielle Mittel. Und es wird aufgepasst, damit das richtige Weltbild verbreitet wird. Tierschutz ist super und okay, aber nur aus ethischen und moralischen Gründen. Darüber lässt sich streiten und man kann immer eine höhere Moral haben, die Verbrechen an Tieren rechtfertigen könnte. Ein Tierschutzverein der kompetent darauf besteht, dass es wissenschaftliche oder gar rationale Gründe für den Tierschutz gibt, wird nicht lange überleben.

Jemand, der raucht und trinkt, hat im Freundeskreis nicht nur Nichtraucher und Abstinenzler. Ich brauche nur dafür zu sorgen, dass jeder prinzipiell ein Verbrecher ist, damit er einfach zu kontrollieren ist und er andere Verbrechen toleriert. Ein ethisch und moralisch unangreifbarer Mitbürger wird die Kontrolle durch ein korruptes System nicht akzeptieren. Es geht bei Gesetzen nicht nur um Schikane, sondern auch darum, jeden zu einem potenziellen Gesetzesbrecher zu machen. Man muss dafür sorgen, dass die Mitmenschen sich immer nur in niederen Emotionen wie Gier, Neid, Lust und Angst befinden. Der Mensch soll sich als triebgesteuerter Affe wahrnehmen, der gerade vom

Baum gesprungen ist. Ein egoistisches, rücksichtsloses Individuum, unklar in seinem Wissen und seiner Wahrnehmung, lässt sich prima mittels Angst steuern. Klare Werte in einem Verbund wie Familie, Religion oder selbst ein Dorfverband geben Rückhalt und Sicherheit und werden deshalb bekämpft.

Deshalb haben alle Parteien neben der Interessenvertretung für das Großkapital auch noch die Aufgabe der Zerstörung der Nationalstaaten und der Bevölkerungsdezimierung. Hierbei kann es zu leicht unterschiedlichen Gewichtungen der verschiedenen Parteien kommen, aber im Sägeprinzip setzt die eine durch, was die andere nicht geschafft hat. Eine Partei, die diese drei Top-Prioritäten nicht hat, gilt in jedem Land als verfassungsfeindlich.

Die Zerstörung der Nationalstaaten, bzw. die Globalisierung ist notwendig, um den sicheren und genormten Durchgriff auf alle Ebenen der Menschen zu erreichen. Neben dem wichtigen Gleichschalten des Weltbildes, tendieren eigenständige lokale Strukturen dazu Interessenskonflikte zu erzeugen. Kriminelle Führer entwickeln ein solches Machtpotential, dass sie ähnlich wie Kennedy oder Clinton auf eigene Ideen kommen und sich möglicherweise Vorteile für „ihre" Bevölkerung ausdenken. Dem Organisator gefällt es am Spieltisch vom Monopoly ganz gut. Er hat kein Interesse an Evolution, Fortschritt oder Änderungen der Regel. Seine Vorstellung ist ein Feudalsystem mit ihm und seiner Familie als Gott-Mensch, ein paar völlig abhängigen Handlangern und dem Humankapital aus hauptsächlich „surplus-people", den Überflüssigen. Er empfindet die schlichte Menge der Menschen als eine seiner größten Bedrohung. Diese Masse gilt es dumm zu halten (Schulsystem, Medien), auszubeuten

(Zinssystem) und möglichst frühzeitig unter die Erde zu bekommen (Medizinsystem).

Leider, leider, leider hätte die direkte öffentliche Verfolgung dieser Ziele eher den gegenteiligen Effekt. Richtig viel Angst hat der Organisator vor der öffentlichen Meinung. Das treibt ihm gleich die Schweißperlen auf die Stirn, deshalb wird diese mit dem größten Aufwand gepflegt. Daher wird auch lieber mal ein kontroverser Standpunkt zugelassen, als die Gefahr einzugehen, dass die Massen das System nicht mehr akzeptieren.

Eltern würden ihr Kind kaum zum Arzt bringen, damit es körperlich geschwächt, einen Gehirnschaden und einen Vertrauensschock bekommt. Das wird besser als Schutzimpfung gegen böse nicht existente Viren verkauft.

Wenn nach einer PISA Studie das Schulsystem verbessert wird, kommen wir dem Ziel, IQ Huhn plus eins (damit die Schüler ihr Geschäft nicht auf der Strasse erledigen), bestimmt wieder näher. Wenn ein Kind freiwillig ein Buch in die Hand nimmt, hat das Schulsystem versagt. Zur Strafe darf es dann auf die Universität, wo die Systemanpassung weiter geübt wird. Das Nachplappern von sinnlosen und unwichtigem „Wissen" wird als erstrebenswert verkauft.

Es geht darum, dass niemand versteht, was wirklich passiert und das verhindert wird, dass die richtigen Fragen gestellt werden. Dem Licht des Bewusstseins hält dieses System keine Sekunde stand.

Stellen wir uns jetzt mal ein Blatt Papier vor, von der Größe 10x10 Meter. Auf der unteren Achse tragen wir für jeden Millimeter eine Million Menschen ein. Für die senkrechte Achse verwenden wir eine Milliarde Euro für jeden Millimeter. Jetzt sortieren wir die Menschen nach

Vermögen und zeichnen die entsprechende Kurve in das Diagramm ein. Auch ohne Verkleinerung auf A4 wird man nicht viel erkennen können. Ich brauche auch keinen besonders dicken Stift zu nehmen, damit die Kurve einfach zwei Achsen nachzeichnet. Am Knick kann man vielleicht noch schwach ein paar Hungerleider aus der Forbes 400 Liste erkennen. Das sind dann ein paar arme Häute, die mehr oder weniger noch irgend etwas für ihr Vermögen tun mussten. Mit dem Hut an der Straßenecke werden wir die zwar noch nicht sehen, aber den Vorteil der Unsichtbarkeit, der dem Eigentümer der Regierungen und Medien eingeräumt wird, genießen sie nicht. Versuchen wir nicht durch Wiederholungen zu langweilen, aber es scheint auch hier offensichtlich, dass es besser ist, sich mit unterschiedlichen Magazinen, Zeitungen, Radio- und TV-Stationen zu streiten, als lediglich eine Interessensvertretung zu haben. So wird sichergestellt, dass überall das gleiche Weltbild gepflegt und nur Nonsens verbreitet wird.

Mit einer solchen Vermögensverteilung und mit der Bedeutung, der finanziellen Mittel in dieser Welt gegeben wird, sind souveräne Regierungen schlichtweg undenkbar. Es ist kindisch anzunehmen, dass es Spielräume bei Entscheidungen gibt. Wer auch nur leicht vom Kurs abweicht, hat schnell mal eine Terrorwarnung auf dem Tisch oder ein Foto von seinen letzten Club Besuch in der Zeitung. Der Abgeordnete weiss schon, was er zu ändern hat, wenn sich die Presse plötzlich für seine Spesenabrechnung oder die Nutzung der Flugbereitschaft interessiert. Und wenn das nicht reicht, hat's ausgebarschelt, macht er den Möllemann oder es Haider't gegen unsichtbare Laster. Geht Ruck-Zuck, der Lerneffekt ist dramatisch für die anderen.

Für solche Kleinigkeiten hält man sich eine Privatpolizei die international organisiert ist und überall überstaatliche Rechte ohne Kontrolle besitzt. Als es noch unabhängige Länder gab, hat man mit Missionaren Bewegungen für eine Regimeänderung organisiert. Heute verüben böse Terroristen fatale Anschläge. Wenn in einem beliebigen Regime mal der Kopf getauscht werden muss, damit die drei Grundsätze für Verfassungstreue wieder beachtet werden, sind sie zur Stelle. So ein Geheimdienst kann dann auch gleich mal zur Organisation des weltweiten Drogenhandels benutzt werden. Überhaupt ist so ein Dienst ganz praktisch, um überall auf der Welt das Niveau von Kloake sicherzustellen.

Ein Problem eines Zinsgeldsystemes liegt in dem Konflikt, dass Geld Tauschmittel sein soll und gleichzeitig zur Wertaufbewahrung dient. Da Geldhortung in dem System belohnt wird, erwirbt es sich eine Überlegenheit vor Arbeit und Waren. Waren verderben oder veraltern und der Arbeiter kann seine Arbeitskraft nicht speichern. Deshalb müssen Waren und Arbeit am Markt angeboten werden.

Wenn eine Zentralbank darauf besteht, die einzige legale Ausgabestellte für Geld zu sein und Zinsen für das Leihen von Geld verlangt, gibt es ein Problem. Wo soll denn das Geld für die Zinsen herkommen? Da es nicht von der Zentralbank herausgegeben wurde, erzwingt dies einen permanenten Wachstum.

Im kapitalistischen Wirtschaftssystem existiert Geld nur als Schuldgeld. Nur wenn jemand einen Kredit aufnimmt, wird

Geld zur Verfügung gestellt. Das bedeutet, dass jedem Euro Guthaben einen Euro Schulden gegenübersteht.

Durch den Wachstumszwang müssen immer neue Schulden aufgenommen werden, um das System am laufen zu halten. Es ist ein Kettenbrief- und Pyramidenspiel mit expotenziellen Wänden, das immer neue Mitspieler braucht, um nicht zusammenzubrechen. Das Geld wird immer schneller von der Masse auf die Mitte umverteilt.

Der Zinseszinseffekt führt zu absurden Größenordnungen. Einen Pfennig zu 5% angelegt, ergibt nach ca. 1400 Jahren die erste Weltkugel aus Gold. Danach geht es immer schneller. Ein expotentieller Wachstum führt immer, früher oder später, an eine Systemgrenze.

Durch die Mehrfachverleihung des selben Geldes im Laufe der Zeit, nimmt der Zinsanteil einen immer größeren inneren Anteil am Geldwert. Die leistungslos erworbene Prämie am Geld saugt einen immer größeren Anteil aus der Wertschöpfung.

Um die deflationäre Krise zu vermeiden und die Schuldenausweitung zu gewährleisten, verschuldet sich der Staat, wenn die Neukreditaufnahme wegen Markt- oder Bedarfssättigung stockt. Um die Zinsen hierfür aufzubringen, werden ständig neue Abgaben, Gebühren und Steuern erfunden. Eine Autobahn, die vor 50 Jahren mit einer wesentlich geringen Steuerquote gebaut wurde, kann heute nicht einmal mehr unterhalten werden. Für Dienstleistungen des Staates, die eigentlich schon durch die Steuern bezahlt wurden, müssen nun zusätzlich Gebühren gezahlt werden.

In diesem Wirtschaftssystem sind Kapitalforderungen immer zuerst zu bedienen. Ein Arbeiter in einer Autofabrik bekommt nur einen Anteil von seiner Wertschöpfung, wenn zuvor alle Kapitalkosten erbracht wurden. Da aber die leistungslose Wertabschöpfung expotenziell gegenüber der linearen Produktionssteigerung verläuft, kann der Wertschöpfende nur eine Verbesserung bekommen, falls der Gesamtwert schneller wächst als die Wertabschöpfung. Das bedeutet, der Kuchen muss schneller größer werden, als die Ansprüche des Kapitals wachsen.

Dies ist aber nur in der Anfangszeit des „Monopoly" Spieles möglich. Nachdem über den Tisch gewischt wurde, eine möglichst große Sachwert- und Infrastruktur-vernichtung (Krieg) stattgefunden hat, gibt es mehr als genug Kreditbedarf. Durch den anfänglich noch verhältnismäßig geringen Zinsanteil lohnt sich Produktion. Jeder, der fleißig ist oder eine gute Idee hat, kann sein Glück machen. Durch den riesigen Bedarf und durch Produktionssteigerungen kommt es zu „Goldenen Jahren" und Wohlstandsverbesserung für alle.

Nach ca. 30 Jahren wird es schon schwerer, eine neue Fabrik zu eröffnen. Arbeit lohnt sich nicht mehr wirklich, es gibt schon zu viele Auflagen und Gebühren. Die Gesetze bieten so viele Vorteile für die Fremdkapitalwirtschaft, dass ein verantwortliches Wirtschaften mit Eigenkapital ruinös wird. Dies ist der goldene Sommer für die Spieler. Die Zitrone wird das erste Mal in der Presse gedreht. Sie merkt noch gar nicht so richtig, was los ist und trotzdem sprudelt der Saft, wie nichts Gutes. Das Leben für die Masse wird nun schon langsam etwas beschwerlicher, aber die Organisation läuft wie am Schnürchen. Massensteuerung funktioniert wie im Bilderbuch und wenn mal ein Scheich rumpalavert, gibt's was auf die Mütze, ein anderer

Kameltreiber wird aus dem Zelt gezogen und auf einen Thron gesetzt.

Aber auch der schönste Tag neigt sich mal dem Ende zu und 20 Jahre weiter nach dem ersten Zug im Spiel geht's in die Zielgerade. Auf dem letzten Stück geht erst mal der letzte Rest von Moral verloren. Geld verdient wird nur noch mit Betrug, Manipulation und Insiderwissen. Da die nun exorbitanten Kapitalansprüche kaum noch befriedigt werden können, gibt es keinen Spielraum mehr für die Wertschöpfenden. Reale Gehaltseinbußen, Mehrarbeit und Rationalisierungen stehen an. Dann die Schlossallee, auf dem letzten Spielfeld wird nochmals im letzten Moment die größte Vermögensumverteilung der ganzen Runde gemacht. Bevor der Krieg und Währungsreform die nächste Runde einläutet, werden die angesammelten Fantasiebuchwerte in Sachwert umgewandelt. Da das Zinssystem eine Rendite erzwingt, erzeugt der deflationäre Zusammenbruch durch das Fehlen von Tauschmittel Geld den entsprechenden Wertverlust bei allen Anlagen.

Da dieses Buch natürlich auch noch in 1000 Jahren das Standardwerk für TOE (Theorie of Everything) sein soll, kann in diesem Kapitel nicht auf die aktuelle Finanzmarktkrise eingegangen werden. Einige Aspekte werden aber später in einem eigenen Kapitel beleuchtet werden.

Der Weg des Jani

Betrachten wir die Realität doch einmal mit einem philosophischen Aufsatz.
Es wird vorausgesetzt, dass jemand, der den folgenden Text liest, mit dem Konzept von Maya bekannt ist. Maya wurde hier als die Illusion verwendet, die der "Wachträumende" Mensch auf der Erde als real erfährt.

Am Ende führen nur zwei Wege zur "Gottesrealisierung": Der Weg des Jani (des Denkenden) oder der Weg des Bhakti (des Hingebenden). Es gibt viele Wege, die bis dorthin führen, jedes Handeln und auch Nicht-Handeln ist ein Schritt in Richtung einer dieser Wege. Maya bietet viele Möglichkeiten für Umwege, aber auch jeder Umweg führt früher oder später wieder in Richtung der "Wahrheit" hinter "Fühlen" oder "Denken".

Im Allgemeinen wird der Weg des Bhakti als der einfachere angesehen. Es wird einfach Gott als der Handelnde akzeptiert, es wird das Selbst (das Ego) aufgegeben und in Erscheinung tritt deshalb das höchste Selbst. Der Trick ist, keine eigene Meinung zu haben, nicht mehr zu urteilen und dem Ego einen kräftigen Tritt zu verpassen...

Der Weg des Jani ist der Weg der Wahrheit zur Wahrheit. Es ist im Gegensatz zum Weg des Fühlens ein Weg des Denkens. Er wird beschrieben als Weg mit vielen Fallen, da das Denken leicht auf Abwege geführt werden kann. Auch nur die kleinste hauchbreite Abweichung vom Weg der Wahrheit führt schnell in eine Sackgasse.

Auch wird zuviel Denken von vielen Quellen nicht empfohlen, da viele Menschen sich schon so tief in "Konzepten" und "Wissen" verwoben haben, so daß sie eher im Wahnsinn als in der "Realisierung der Wahrheit" enden. Hier ist es sehr wichtig, dass in kleinen Schritten mit absoluter Wahrheitsliebe das Netz von Maya aufgetrennt wird.

Am Anfang des Weges des Jani steht die Bestands-aufnahme. Von allen Wegen im Maya kommt für den "Jani in spe" der Tag, an dem er innehält und versucht heraus-zufinden, wo er steht, was richtig und was falsch ist.

Wenn er dann herausfindet, dass alles nur relativ falsch oder relativ richtig sein kann, ist er schon auf dem Weg. Etwas kann immer nur in Bezug zu etwas anderem "richtig" oder "falsch" sein.

Als nächstes muß er sich über seine Werte, Wahrheiten und Ziele bewusst werden. Wenn er das Ziel Wahrheit oder Liebe bewusst wählt, ist er nun endgültig auf dem Weg.

Der erste Stolperstein für den Jani kommt, wenn er einen "Wert" oder eine "Wahrheit" besitzt, die er nicht hinter-fragen kann oder will. Hier liegt er am Boden und kann erst weiterschreiten, wenn ihm durch hartes Arbeiten oder Gnade die Einsicht, dass auch dies relativ ist, geschenkt wird.

Der Weg des Jani ist schwierig und einfach zugleich. Eigentlich müßte er nur an einer beliebigen Stelle seines Weltbildes anfangen, nachzufragen bis nichts Falsches mehr seinen Blick trübt. Dann ist er schon am Ziel - es gibt nichts mehr außer Gott. Dem Verstehen folgt zwangsläufig die Realisierung, d.h. das Erleben der Wahrheit. Erleben der Liebe ist sicherlich auch ein Gefühlsakt, so wird am Ende der Jani zum Bakti, weil in der Realisierung der Liebe alles gleich wird.

Wer es einmal versucht hat, wird allerdings auch feststellen, dass es manchmal nicht so einfach ist, Wahres zu erkennen oder Konzepte / Wahrheiten zu hinterfragen. Der Jani muß sich klar werden, dass JEDE Aussage eine Glaubensaussage ist. Es gibt kein Wissen unabhängig von einem Weltbild. Wissen ist einfach ein Glaube, für den es ein Konzept gibt, und/oder ein Glaube, der praktiziert wird. Das bedeutet: Wissen ist ein Glaube, der üblicherweise in den üblichen Randbedingungen (gewohntes Weltbild) funktioniert. Der Jani will aber gerade ja ein neues "besseres, wahreres, konsistenteres" Weltbild finden, deshalb darf er nichts als gegeben akzeptieren.

Viele Aussagen schaffen sich ihr Weltbild immanent und sind deshalb innerhalb ihres Weltbildes natürlich auch wahr oder richtig, allerdings auch wertlos für den Wahrheitssuchenden. Die Aussage "die weiße Wand ist weiß" ist deshalb sicherlich innerhalb des von ihr beschriebenen Weltbildes richtig. Wie würde ich es aber einem Wesen erklären, dem ich gerade im Traum begegne? Als Jani kann ich natürlich Träumen nicht einfach als nichtexistent bzw. nicht beachtungswürdig ignorieren. Das

Weltbild soll ja gerade besonders konsistent sein und möglichst viel beinhalten.

Der Jani versucht also etwas zu finden, das für "wahr" gehalten wird und hinterfragt es auf den Wahrheitsgehalt. Ein Jani möge sich z.B. mit dem Satz "Ich bin das Kind meiner Mutter" auseinandersetzen. Bei der Meditation über die Aussage "Ich bin das Kind meiner Mutter" kommt schnell die Kernfrage: "Wer bin ich"?. Wahrscheinlich sind kleinere Schritte ein wenig hilfreicher...

Es muß hier betont werden, dass jede beliebige Aussage in dieser Art hinterfragt werden kann und dass ein Ergebnis immer das gleiche ist. Wenn vom Pfad der Wahrheit nicht abgewichen wird, kommt man immer bei der Wahrheit an. Dies ist genau so trivial wie es sich anhört!

Der Jani wird an einer Stelle erkennen, dass jemand nur etwas wissen kann, wenn er nur ein Modell oder ein Weltbild kennt. Wer nur eine Uhr hat, weiß wie spät es ist. Wer eine zweite Uhr besitzt, ist sich schon nicht mehr so sicher. So bemüht sich eine Gesellschaft alle Uhren zu synchronisieren, damit jeder weiß, was die Stunde geschlagen hat. Allerdings wird die Uhrzeit dadurch allein nicht in einem tieferen Sinn "wahrer".

Der Jani wird auf seiner Suche mit immer mehr Weltbildern konfrontiert werden, die alle für sich genommen funktionieren und stimmig sind, auch wenn sich manche gegenseitig ausschließen. Dies ist ein wenig wie die Welle - Teilchendualität des Lichtes, beide Theorien scheinen zu stimmen und zu funktionieren, auch wenn sie sich gegenseitig ausschließen nach kausaler Logik.

Der Jani erfährt dann die ersten Hilfen auf seinem Weg. Er kann nun immer ein, der Situation angemessenes, Weltbild wählen und ist nicht mehr auf dogmatische Wahrheiten angewiesen. Er mag nun studieren und hinterfragen, warum die "Gesellschaft" kein Interesse an einer "Wahrheit" hat, die eventuell die Rahmenbedingungen (Weltbild) der Gesellschaft in Frage stellen könnte. Es mag ihn zunächst verwundern, dass nur der Anerkennung finden kann, der zunächst einen Kniefall vor den Dogmen des entsprechenden Weltbildes macht. Die Geschichte ist voll von brillanten Denkern, die an das Kreuz genagelt wurden, bzw. auf dem Scheiterhaufen endeten, weil sie den Kniefall vor ungesprochenen Gesetzen verweigerten. Er wird erkennen müssen, dass sich auch in unserer modernen Zeit lediglich die Art der Auslöschung geändert hat. Und wenn der Querulant nicht anders zum Schweigen gebracht werden kann (vgl. Mondlandung 1970 <die Simulation für echt verkauft>), stirbt er im Gefängnis und seine Bücher werden verbrannt (vgl. Reich 1950 in USA <Orgon, kosmische messbare Sex-Energie>) oder eine mysteriöse Terrorgruppe verübt einen fatalen Anschlag (vgl. Herrhausen 1990 in Deutschland <Entschuldung der dritten Welt>).

Der Jani ist eigentlich nicht gefährdet, da er als "Sucher" keinen missionarischen Aufgaben nachgeht und auch nur angemessen reagiert. Weil er um seine Blindheit (oder Unwissenheit) weiß, fehlt ihm die Kraft, eine gefundene Inkonsistenz in einem beliebigen Weltbild nachhaltig anzuprangern. Im Zweifelsfall wird er wahrscheinlich für einen angemessenen Zeitraum ein günstigeres Weltbild wählen. Sein Ziel ist es, nicht den Anderen ihre Fehler zu zeigen, sondern lediglich die eigenen zu finden.

Nun wandert er immer mehr vom Wissen zum Verstehen. Er benötigt kein Wissen mehr, da er die dahinter liegenden Modelle kennt und alle nötigen Informationen aus ihnen ableiten kann oder die benötigte Information kommt in der richtigen Zeit automatisch zu ihm, da seine Existenz immer konsistenter wird und er immer näher an "Wahrem" ist. Ein "falscher" Zustand ist dann einfach nicht mehr möglich, ungünstige Modelle perlen einfach ab und Wahres wird angezogen.

Das Einzige, was der Verstand als letztlich wahr erkennen kann, ist, dass etwas denkt, etwas fühlt und dass sich dies verändert. Alle beliebigen Weltbilder sind aus diesen Festpunkten im Denken ableitbar. Der Jani wird erkennen müssen, dass sich diesen Punkten in der äußeren erlebten Welt nicht genähert werden kann. So lange der Jani auch noch andere Wahrheiten hat, muß er diese hinterfragen bis sie sich aufgelöst haben, bevor er weiterschreiten kann.

Der Weg führt ihn nun in innere Welten, die schon nicht mehr so widersprüchlich und verworren sind wie die Weltbilder im konventionellen Wachbewußtsein. Diesem widerspricht nicht, dass jemand, der keine Wahrheits-forschung betreibt, sein Weltbild vollkommen harmonisch empfinden kann. Sein Weg wird nun immer mehr eine Reise ins und im Bewußtsein, immer mehr eine Reise zu sich selber und zu der Erfahrung des "Ich". Er wird in Kommunikation mit immer konsistenteren Realitäten kommen. Das bedeutet auch, dass er immer mehr "Liebe" erfahren wird.

An einer weiteren Stelle der Reise wird er erkennen und erleben, dass er der Mittelpunkt seiner Erfahrungen, seines Seins ist. Er wird erkennen, dass er sich dieses Universum aus Erfahrungen selbst geschaffen hat, dass die einzigen Beschränkungen, die existieren, diejenigen sind, die er sich selbst schafft oder geschaffen hat. Er erkennt und erlebt, dass diese Begrenzungen nur genau so "wahr" sind wie er glaubt oder weiß.

Er transzendiert Denken und Fühlen und wird eins mit dem Bhakti. Er sitzt da in Mitgefühl und Liebe und wägt ab, wie er anderen Universen oder Mitgeschöpfen helfen kann, ohne sie in ihrem freien Willen zu beschränken.

Gotteserkenntnis im Denken

Das es nicht möglich ist, einen Gottesbeweis zu führen, könnte durchaus ein akzeptabler Kritikpunkt sein. Wie gezeigt wurde, definiert ein Beweis ein Glaubenssystem oder ein Weltbild, kann aber "jemanden" oder „etwas" mit anderen Axiomen nicht überzeugen.

Der Verstand kann schlussendlich nur für sich selbst feststellen, dass etwas denkt. Descartes nannte dies „Ich bin das denkende Ding". Der Verstand kann auch erkennen, dass es noch vieles gibt, zu dem er keinen Zugang hat. Ein Gefühl wie Zuneigung oder Humor ist für den Verstand nicht begreifbar. Der Verstand sieht, dass Dinge sich ändern. Alles, was ein Anfang hat, hat auch ein Ende.
Einen Witz kann ich noch so genau erklären, er wird dadurch meist nur weniger lustig. Die Qualität des Humors hat keinen Bezug zu dem Verstehen eines Zusammenhanges. Mit den richtigen Leuten und der richtigen Stimmung, kann so ziemlich alles lustig sein. Erklären Sie einmal jemanden, was an einem gewöhnlichen Landschaftsbild so komisch ist, dass man sich auf die Schenkel schlägt und ausdauernd lacht. „Ich habe gerade begriffen, wie lustig es ist", mag dann für Sie eine Erklärung sein, die zu neuen Lachsalven anregt; ausgesprochen rational ist es nicht.
Zuneigung, oder vielleicht die Liebe eines Vaters für sein Kind, mögen rational einen Sinn ergeben. Das Empfinden hat aber eine ganz andere, völlig irrationale Qualität. Kein Liebesroman wird aus Verstandsgründen gelesen, es geht

darum, eine ganz eigene Dimension zu besuchen. Auch die Grenze zwischen Leben und Tod kann ebenfall nicht durch Denken ergründet werden.

Dies sind Beispiele für Irrationalitäten, zu denen der Verstand keinen Zugang hat. Der Verstand kann sich kein vernünftiges Bild davon machen, da er den Vorgängen keine Attribute zuordnen kann. Aber auch, wenn er es nicht versteht, kann er erkennen, dass da etwas ist, etwas außerhalb von ihm. Etwas, dass er nicht verstehen kann, da es nicht innerhalb der von ihm kontrollierten Dimension, nämlich dem Denken, ist. Da ein Gefühl nicht in der Erfahrungswelt vom Denken erscheint, beschreibt das Gefühlsleben eine eigene Dimension.

Die Freude, die jemand empfindet, weil er selbstlos, möglicherweise zum eigenen Nachteil, jemand anderem hilft, kann kein Verstand erfassen. Eigene Interessen aufzugeben, um für den anderen da zu sein, kann sehr irrational empfunden werden. Doch ist es die Grundlage für ein glückliches und zufriedenes Leben. Wer schon einmal verliebt war, kennt es. Das größere Glück ist es, wenn es einem gelingt, dem Geliebten eine Freude zu bereiten.

Der Verstand kann Glück und Liebe nicht begreifen, da dort nichts zu begreifen ist. Der Verstand erkennt, dass es Glück und Liebe gibt, dass es möglicherweise sogar erstrebenswert ist, kann es aber nicht beherrschen. Warum kann man möglicherweise viel glücklichere Menschen in einer ärmlichen Hütte auf dem Land finden, als in den teuersten Palästen? Für den Verstand ist das „Haben" erstrebenswert, für das Herz aber das „Sein". Haben ist nun aber sehr relativ. Einem Darbenden wird ein Stück trockenes Brot oder ein nettes Wort vielleicht große Freude bereiten. Doch wer alles hat, wird auch beim leckersten Festmahl nicht zufrieden sein.

Es ist nicht was man bekommt, was einen glücklich macht, sondern die innere Einstellung dazu. Es gibt keine messbare Einheit von Zuneigung, die man jemandem zuführen könnte, damit man sympathisch wirkt. Es ist auch eine Frage der Mentalität, ob die Bemerkung „Was gab es zum Frühstück?" als Bedrohung oder Freundschaftsbekundung aufgefasst wird.

Wenn ich nun so beobachte, was sich alles dem Verstand entzieht, ist es doch ziemlich überraschend, dass erwartet wird, Gott mit dem Verstand erfassen zu können. Damit wäre Gott auf die Dimension des Denkens beschränkt und hätte keinen Einfluss mehr in der Welt der Beziehungen. Könnte es nicht eher so sein, dass man sich kein Bild von Gott machen soll, weil dies nicht möglich ist? Weil SIE in der Welt des Verstandes genau am geringsten anzutreffen ist?

Wie kann ich etwas verneinen, für das ich einen Begriff habe? Das funktioniert doch nur, indem ich es zunächst definiere und es dann negiere.

Versuchen wir es einmal mit ein bisschen Ironie. Dazu benutzen wir jetzt das weit bekannte „Brüzel-Phänomen". Wie jedes Kind weiss, sind das Bäume, die umgekehrt wachsen. Sie halten sich mit den Blättern in der Erde und die Wurzeln sind in der Luft. Es ist die logische Weiterentwicklung der Bäume, wo die Wurzeln die Beweglichkeit erlernen, damit in der weiteren Evolution Beine entstehen können.

Gibt's diese „Brüzel's" jetzt, oder nicht? Wenn ich es mir vorstellen kann, kann ich auch davon träumen oder es sogar malen. Wie sollte ich nun etwas malen können, was überhaupt nicht existiert? Eine solche Behauptung sollte unter rationalen Leuten doch ein Freifahrtschein zur „Fun-Farm" sein. Legitim wäre die Aussage „Ich bezweifle, das ein solches „Brüzel" eine Entsprechung in der von mir erfahrenen äußeren Welt hat.".

Die Schwierigkeit hier bezieht sich auf die Notwendigkeit der Definition zur Verneinung. Ich brauche immer erst eine Definition, bevor ich etwas verneinen kann. Eine Definition ist aber nur vom Verstand oder von der Logik möglich. Es ist völlig irrational, etwas, das dem Verstand nicht zugänglich ist, negieren zu wollen. Zugegebenermaßen ist es für den Verstand zwangsläufig bedeutungslos. In einem Weltbild, in dem nur der Verstand eine Rolle spielt, kann es daher kaum Platz für Gott geben. Auf welch wackeligen Beinen dieses Weltbild steht und wie unbedarft eine solches Sichtweise ist, wurde lange ausgeführt. Möglicherweise beleidigt man Urzeitmenschen, die sich mit Grunzlauten verständigen, wenn man einen Mitbürger, der über eine solche simple Weltsicht verfügt, mit ihnen vergleicht.

Gibt es für ein Baby eine Gottesvorstellung? Für einen Affen, einer Kuh oder für einem Baum? Solange man nicht mit dem Baum bedeutungsvoll kommunizieren kann, ist es schwer, eine Aussage zu treffen. Eine Aussage wäre nur eine Bemerkung, wie sich unser eigenes Weltverständnis im Verhältnis zu dem unterstellten Weltverständnis des Objektes verhält. Es würde absolut überhaupt nichts über das Objekt verraten, sondern nur Dinge über uns. In dem Moment, wo eine Kommunikation gelingt, erschafft man ein Gottessymbol oder Gotteskonzept für den oder das andere und er kann damit nicht mehr objektiv antworten. Wir können nicht wissen, ob Eingeborene, die mit

Trommeln um das Feuer tanzen, einfach nur Spaß haben oder ob es eine Methode des Gottesdienstes ist.

Wo es eine Schöpfung gibt, gibt es einen Schöpfer. Keine Schöpfung ohne Schöpfer. Zufall, könnte ja sein Name sein, doch was ist Zufall? Wenn meine 3 Monate alte Nichte mit Buntstiften auf einem Blatt malt, geht das als zufällig durch. Meinem Neffen mit 3 Jahren nehme ich den Zufall schon nicht mehr ab. Zu deutlich ist dort ein dreibeiniges Wesen zu sehen und fast ist ein Haus erkennbar. Ich vermute Intention, es soll etwas darstellen und es war kein Zufall. Das Ergebnis, wenn der Bruder meiner Tante sein Kind von 17 Jahren einen 5 Seiten starken Comic malt, ist kein Zufall. Hundert Einzelbilder, in denen verschiedene Charaktere eindeutig wieder zu erkennen sind, sinnvolle Dialoge und eine sachlich richtige, lustige Handlung.
Dieses ist das Ergebnis von Bewusstheit und kein Zufall, wie der Vergleich mit dem Bild von meiner Nichte zeigt. Zufall tendiert zur Entropie, es ist Intention und bewusstes Handeln notwendig, um mehr als statisches Rauschen zu erzeugen. Es können unendlich viele Affen unendlich lange auf einer Schreibmaschinentastatur herum hauen. Es wird dabei niemals ein Buch heraus kommen. Ohne Absicht ist es schon fast unmöglich, auch nur ein einziges sinnvolles Wort zu tippen, meine Nichte wird mit ihren 3 Monaten niemals auch nur einen Ausschnitt von einem Bild des Comics malen. Wenn man so durch das Universum zoomt, geht viel vom „Schöpfer Zufall" durch. Wenn ich bei der Erde vorbeikomme und auf eine Großstadt zoome, kann selbst ein kleines Kind erkennen, dass hier der Schöpfer über planerische Fähigkeiten verfügt.

Je weiter das Ergebnis aus dem Rauschen einer Entropie hervorragt, desto mehr Absicht war notwendig, es zu erzeugen. Könnte die bewusste Absicht Gott sein? Wir sehen das Problem, wenn wir versuchen, uns Gott im Verstand zu nähern, ohne ihm Attribute zu geben. Wenn wir die Welt für Gott halten, machen wir möglicherweise das Geschaffene zum Schöpfer. Natürlich muss sich der Schöpfer in der Schöpfung widerspiegeln. Ein Maschinenbauer entwirft nun mal keine Landschaftsarchitektur.

Wenn wir uns nun auf der Welt umschauen, kann Gott subjektiv entsprechend der Sichtweise durchaus auch als unperfekt oder ungerecht empfunden werden.

Wie aber schon vorher zu zeigen war, schafft jeder sich sein eigenes Universum. Wie perfekt oder schlecht es ist, sagt also nur etwas darüber aus, was derjenige wahrnimmt. Er ist das nach dem Ebenbild Gottes geschaffene Kind Gottes, das sich ähnlich wie der Papa mit Schöpfung beschäftigt. Versuchen Sie doch mal Länge ohne Kürze zu schaffen, Reich ohne Arm oder Dummheit ohne Verstehen. In der Welt der Dualität hat jede Schöpfung eine ausgleichende Konsequenz. Eine Schöpfung ist eine neue Einprägung in diese Realität. Diese Einprägung ist damit schon zwangsläufig die Konsequenz der Schöpfung. Die Konsequenz bedeutet, dass es Attribute hat und widerspruchsfrei sein muss. Attribute sind aber nur wahrnehmbar (schöpfbar), wenn sie sich abheben. Wenn sie sich nun abheben, muss es auch die Möglichkeit des „nicht Attributes" geben. Es macht keinen Sinn alle als „Gut" zu sehen, wenn es nicht auch „Böse" gibt. Ohne „Böse" wäre „Gut" nicht wahrnehmbar, weil es nichts gäbe, an dem es gemessen werden kann.

Universum ist flexibel, alles was widerspruchsfrei gedacht werden kann, wird sich manifestieren. Dies ist eine weitere Konsequenz oder Zwangsläufigkeit. Es gibt Zusammenhänge und diese müssen konsistent sein, weil genau diese Konsistenz die erfahrene Realität bedingt. Es muss konsistent sein, da es sonst nicht für wahr genommen werden kann. Wenn es nicht für wahr genommen wird, kann es nicht sein, da die Wahrnehmung der Prozess der Schöpfung ist.

Im Prinzip kann damit so ziemlich alles erschaffen werden, viele moderne Methoden wie NLP, „Das Geheimnis" oder auch der gute Vorsatz, funktionieren deshalb ganz brauchbar. Wenn ich mit fünf Freunden am See im Wald lebe, könnte ziemlich leicht eine ganz eigene Realität geschaffen werden. Da kann es nicht lange dauern, bis auch der Letzte über Wasser geht. Für den Ersten war es noch schwer zu lernen, der Letzte hat es dann nebenbei zum Nachmittagskaffee erledigt. Voraussetzung war natürlich, dass niemand mit einem anderen Weltbild kommuniziert. Dies würde nämlich die mühsam geschaffene Konsistenz der lokalen Realitätsvorstellung beeinträchtigen. Je umfassender ein Weltbild ist, je mehr es zu erklären versucht und je mehr Kommunikation stattfindet, desto schwieriger ist es, die Konsistenz zu erhalten. Lediglich, da der Verstand sowieso nicht in der Lage ist ein konsistentes Weltbild zu schaffen, hat er eine Fuzzy-Logik entwickelt, um die kleinen Unebenheiten auszubügeln. Jede dieser kleinen Unstimmigkeiten schwächt aber die Schaffenskraft der entsprechenden Realitätsvorstellung, da die innere Konsistenz verloren geht und das Konzept immer planloser wird.

Am stärksten ist also derjenige, der ein schlichtes Weltbild hat und dieses nicht überprüft. Das ist nicht nur das Konzept von verschiedenen schamanischen Wegen, sondern auch das Erfolgsrezept der einfältigen materialistischen Realitätsvorstellung. Dies kann weder richtig noch falsch noch schlecht oder gut sein. Um es zu bewerten, würde ich ja wieder einen subjektiven Standpunkt brauchen und damit mehr über meinen Standpunkt, als über Qualitäten der simplen Weltvorstellung aussagen. Allerdings gibt es durchaus die Möglichkeit, Weltbilder danach zu beurteilen, wie viel oder wie umfassend und wie gut, oder wie konsistent sie die Welt erklären.

Ein schlussendlich widerspruchsfreies Weltbild muss alle Dimensionen einbeziehen und dabei spielt der Verstand sicherlich nicht die Hauptrolle. Dies ist etwas komplett anderes als der Versuch des eindimensionalen Verstandweltbildes, das die zwangsläufigen Lücken und Widersprüche mit einem unklaren Gottesverständnis zu überdecken. Es ist der Gegensatz zu „was ich nicht erklären kann und was widersprüchlich scheint, ist durch Gott erklärbar". Es wird offenbar, dass sich Gott in der Dualität nur spiegelt und es einen ganz klaren Verstand braucht, damit man ihr Bild darin erkennen kann.

Ein Gedanke hat keine Substanz und ist doch real. Ein Forscher, der die Materie als von sich unabhängig glaubt, findet abhängig von seiner Realitätsvorstellung immer neue Details. Es ist der Verstand, der die äußere Welt entsprechend den Glaubensgrundsätzen, beliebig kompliziert erschaffen kann. Es gibt dort keine Lösung, weil jede beantwortete Frage immer eine größere Anzahl von neuen Fragen schafft.

Es ähnelt der Frage nach dem Sinn des Lebens, die sich immer selbst aus der jeweiligen Weltvorstellung beantwortet. Es ist immer eine subjektive Aussage, die mehr das Weltbild darstellt, als eine wirkliche Begründung liefern zu können. In Abhängigkeit des langsam wachsenden Selbstbewusstseins wird die Antwort von einer biologischen Ebene, wie Fortpflanzung und Familie über „Spaß haben", Verantwortung und Erkenntnis variieren. Der Verstand kann natürlich nur in dem Bereich antworten, der ihm zugänglich ist. Das Sein ist aber um so viele Dimensionen größer und das Ignorieren dieser Dimensionen führt zu Depressionen.

Auch auf Fragen wie „Wo komme ich her?" und „Wo gehe ich hin?" kann nicht abschließend in einer Sprache geantwortet werden, die Worte oder Symbole benötigt. Es wird eine Kommunikation gebraucht, die auf erlebbaren Erfahrungen basiert. Und das funktioniert natürlich nur vernünftig, wenn die Kommunikationspartner diese Art der Verständigung bewusst wählen. Das Problem dabei ist, wer zu dieser bewussten Kommunikation fähig ist, stellt sich so verstandesbetonte Fragen gar nicht mehr. Diese Fragen beantworten sich immanent in einem Realitätserleben, das sein Fundament im Herzen und nicht im Verstand hat.

Es kann hier weder Freud noch Leid geben, wie es durch die Anhaftung an Vergänglichem entsteht. Es ist die Glückseligkeit, die jenseits der Dualität liegt. Es ist die Erkenntnis des Herzens, dass nichts von Gott Getrenntes existieren kann. Dass alles, was Ist, der perfekte Ausdruck des Göttlichen ist. Es ist die Erfahrung des unendlich liebenden Gottes, der jeden einzelnen Schritt aller Leben mit unendlichem Langmut unterstützt. Die Erfahrung des Gottes, der immer für einen da ist und der immer nach einem schaut, in der Hoffnung, dass wir den Blick auf ihn richten, damit er zurück lächeln kann.

Es folgt die Erkenntnis des „Auge um Auge, Zahn um Zahn", denn in der Schrift gibt es den erklärenden Zusatz „so spricht der Herr". Es bedeutet, dass Gott sich um alles kümmert und es eine ewige Gerechtigkeit gibt. Diese ist allerdings nicht strafend, sondern erzwingt sich aus der Konsequenz und Konsistenz der jeweiligen Welt-vorstellung. Dem folgt, dass es genau den umgekehrten Effekt hat, wenn man sich die „Rache" Gottes zueigen macht. Weil man sich dadurch in ein entsprechendes Weltbild begibt, in dem Rache statt Vergebung regiert. Und wenn ich diese Realität ohne die verstehende Liebe wähle, ist es natürlich genau auch das, was mir passiert.

Man kann natürlich Gott für alle Handlungen ver-antwortlich machen und diese Sichtweise ist auch legitim. Allerdings ist es auch nur eine Sichtweise. Wenn ich vor Gericht die Verantwortung von mir weise und darauf bestehe, dass Gott der Handelnde war, muss ich auch akzeptieren, wenn mir Gott in der Rolle des Henkers wieder begegnet. Es kann einfach nicht nur eine Seite einer Münze gewählt werden und Veränderungen werden normal nur durch das Übernehmen von der Verantwortung ermöglicht. Objektiv gibt es keine bessere oder schlechtere Sichtweise. Wenn aber etwas verändert werden soll, muss ich zwangsweise zuerst die Verantwortung oder die Schuld für das zu Verändernde übernehmen. Dies ist nicht richtig oder falsch, sondern es ist die einzig vernünftige Sichtweise, um etwas zu verändern. Die Strasse ist schmutzig, weil DIE nicht aufgeräumt haben, wird die Strasse nicht sauber machen. Nur „Die Strasse ich schmutzig, weil ich nicht geputzt habe" oder „Die Strasse ist schmutzig, weil ich nicht aufgepasst habe", „Weil ich mich nicht beschwert habe", „Weil ich nicht gebetet habe". Der Grund ist irrelevant, es muss nur die Verantwortung dafür übernommen werden. Nur dann kann es gelöst werden und zwar genau von dem Einzigen der für das eigene Universum verantwortlich ist und das Einzige, was geändert werden kann: Jedermann selbst!

Es ist nicht so, dass außen etwas existiert mit dem man zurecht kommen muss und mit dem man sich auseinandersetzten muss. Jeder wählt und entscheidet selbst, wie seine Welt aussieht. Und wenn jemand entscheidet, andere auszubeuten, lebt er als Konsequenz in einer Welt, wo ausgebeutet wird. Er mag durch Verstehen der Gesetzmäßigkeiten für lange Zeit eine perfektionierte Rolle als Ausbeuter spielen. Eine solche Rolle kann nur durch die Angst vor Mangel und der Angst vor dem Gegenüber erstrebenswert sein. Angst ist aber das Gegenteil von Liebe - wo Liebe ist, hat Angst keinen Platz. Und nach endlich vielen Leben und jeder ausgelebten Perversion wird jede Rolle einmal langweilig. Was bleibt, ist das geschaffene Weltbild, dass als Karma (Konsequenz) um den Hals hängen bleibt. Um jetzt eine Stufe höher zu schreiten, um zum Regisseur der gespielten Rolle zu werden, muss nun das ganze Schauspiel aufgearbeitet werden.

Wenn die Rolle nicht bewusst gewählt wurde, sind die Konsequenzen auch leichter zu lösen, da sie noch nicht so eingefahren sind. Trotzdem muss und will ein Unterdrücker oder Ausbeuter verstehen und erfahren, was die Auswirkungen sind. Nur so kann er das Weltbild verstehen und überwinden. Gott selbst ist nur der Liebende oder Segnende. Alles, was neu ist, bzw. eine neue Erfahrung bringt, ist eine Erweiterung, eine neue Selbsterfahrung Gottes. Es ist wie in einem Film, wo der Künstler immer neue Tricks auf der Leinwand vorführt. Wirklich real ist nur die Quelle von allem, die Liebe.

Deshalb ist es sinnlos, Gott für etwas, aus subjektiver Sicht, Schlechtes in der Welt verantwortlich machen zu wollen. Der Verstand stellt Zusammenhänge her, wo es gar keine gibt und übersieht sie dort, wo sie entscheidend sind. Es ist der Fehler der Wahrnehmung und nicht der Fehler der Sache. Gott ist nur die bedingungslose Liebe, die einzige objektive Realität.

So gibt es im Allgemeinen nur ein Weltbild was stärker ist als ein simples, nicht hinterfragtes. Nämlich eine widerspruchsfreie, konsistente und umfassende Realitätsvorstellung. Es ist zu erkennen, dass diese Welt, dieses Universum auch nur ein astrale Ebene von unendlich vielen ist. Eine astrale Ebene allerdings, die ein ausgefallenes Extra hat. Es wurde eine kleine aber bedeutende Verzögerung zwischen Ursache und Wirkung eingebaut. Im Gegensatz zu den meisten astralen Welten, dauert es hier immer einen Moment, bevor uns die Konsequenz einer Handlung einholt. Einzig diese Kleinigkeit verursacht das Empfinden, nicht für die äußere Welt verantwortlich zu sein und ermöglicht, dass völlig unterschiedliche Charaktere miteinander kommunizieren können.

Heilige und Übeltäter können nebeneinander spazieren, ein betrachtetes Bild mag für den einen der Himmel sein, der nächste sieht die Hölle. Der Reiz, wodurch hier so maximal unterschiedliche Vorstellungen aufeinander prallen können, sorgt für eine starke und dynamische Entwicklung. Dies wiegt den Nachteil des unflexiblen und träge Gestaltenden in dieser Ebene wieder auf.

Fehlt noch anzumerken, wie sich hieraus zwangsläufig die Notwendigkeit der Wiedergeburt ergibt. Es kann keinen Glauben an einen gerechten Gott geben, ohne den Glauben an die Wiedergeburt. Dies ist nichts anderes als die fortgesetzte Auseinandersetzung mit dieser speziellen astralen Ebene, bis zur Transzendenz. Für das Ego gibt es allerdings keine direkte Wiedergeburt, dies stirbt, wenn es nicht mehr handeln kann. Dieses Ego hat deshalb auch Angst vor dem Sterben, weil es damit ausgelöscht wird. Das Ego ist aber auch erst im Laufe eines Lebens entstanden, es definiert sich nur aus der Reflektion am gewählten Weltbild. Je beschränkter das Weltbild, desto stärker ist das Ego, weil es sich an den nahen und klaren Grenzen am besten definieren kann. Das Ego ist die zurückgespiegelte Begrenzung der Weltvorstellung. Das Ego möchte nichts verändern, weil es durch jede Erkenntnis geschwächt wird. Es ist das Ego, was dafür sorgt, dass die Verstrickung in die äußere Welt so komplex und unlösbar wird. Es versucht so, sich selbst zu erhalten und erzwingt die Anhaftung in dieser Welten-Ebene. Daher ist die Überwindung dieser Realitätsebene schlussendlich nur durch göttliche Gnade möglich.

Bleibt noch die Frage offen, ob dieser gnädige Gott persönlich ist. Offensichtlich ist es natürlich eine illegitime Einschränkung Gottes, ihm die Möglichkeit der Person zu verwehren. Allerdings kommen wir so dem alten Herren mit langem Bart in der einer Ecke vom Universum, der über jeden unserer Handgriffe urteilt, viel zu nahe. Gott ist sicherlich weder ein Erbsenzählen noch hat er irgend ein Ego, was notwendig wäre, um urteilen zu können. Eher ist auch diese Antwort nur im Herzen zu erfassen, wo Gott weder persönlich und unpersönlich, sowie persönlich und unpersönlich gleichzeitig ist – die einzige Realität.

Gestern war Heute schon Morgen

Zeit ist der Versuch, Veränderung zu erfassen und messbar zu machen. In Wirklichkeit gibt es nur ein Jetzt. Dieses Jetzt ist statisch und hat die Vergangenheit eingefroren, ebenso wie es eine determinierte Zukunft beschreibt.

Dinge verändern sich, aber eine Änderung kann nur im Jetzt stattfinden und ist durch den freien Willen des Seins bedingt. Diese Freiheit verändert immer nur das Jetzt, da es nur dieses Jetzt gibt. In diesem Jetzt ist aber alles vom Anbeginn der Zeit bis zur letzten Sekunde beinhaltet.

Wer immer nur versucht, durch das Auge des Verstandes zu sehen und üblichen Weltbildern anhängt, kann natürlich leichter die Zukunft als die Vergangenheit verändern. Ein Blick in die Zukunft ist mehr funktional und die Vergangenheit erscheint mehr kausal. Es ist trotzdem nur ein Konzept des Verstandes, das ein paar Spezialfälle abdecken kann.

Vergessen wir nicht, dass Realität immer nur individuell ist. Eine Zeitreise ist immer nur die Verschiebung eines Focus auf einen anderen Bereich des Jetzt. Ob nun nur im Geiste oder „Physikalisch" mit voller Ausrüstung, ob mit Rückfahrkarte oder ohne. Wie weit die Realität vom anderen Sein davon betroffen ist, liegt am Grad der jeweiligen Kommunikation (s-Möglichkeit).

So ist einfach das Problem der Genauigkeiten von Zukunftsvisionen zu erkennen. Selbst wenn sie theoretisch 100% korrekt gesehen und ohne Fehler interpretiert sind, ändern sie sich durch die Änderung im Jetzt. Auch der Effekt der Rückwärtssprache lässt sich nur mit einem holistischen Universum erklären. Wenn Sie eine Rede halten, lassen Sie die Aufnahme einmal rückwärts laufen. In Ihrer Muttersprache erzählen Sie dann, was Sie wirklich gedacht haben. Es soll Politiker geben, die aus diesem Grund ihre Reden einschränken und durch Übung versuchen, den Effekt zu unterdrücken. Zumindest gibt es Web-Sites, die beanspruchen, damit erfolgreich Anschläge verhindert zu haben. Fürs Universum gibt es keine Richtung, sondern nur Jetzt.

Gehen Sie nun einfach einmal davon aus, das Sie irgendwann in der Zukunft zu Zeitreisen in der Lage sind. Aber natürlich nicht nur Sie, sondern auch noch jedes andere Sein. Das Jetzt ist genau das Ergebnis, wo jeder beliebig in die Zeit eingreifen kann.

Wenn Sie momentan denken, dies oder jenes hätte ich niemals zugelassen, übersehen Sie, dass in der letzten Minute vor Ihrem Dahinscheiden sich die Gedanken ändern. In diesem Moment denken Sie eher, wie lebendig Sie sich im Moment größten Leidens gefühlt haben oder Sie bedauern, dass Sie nicht noch etwas extremer in der einen oder anderen Situation gehandelt haben. Wenn nun schon der Rückblick auf ein Leben viele Erfahrungen relativiert, wie dankbar werden Sie wohlmöglich für Erfahrungen sein, die Ihnen die Erkenntnis über das Wesen der Zeit geschenkt haben? Vermutlich haben Sie dann auch noch ein ganz anderes Verständnis zum Sinn des Lebens. Wenn Sie nach all der Zeit in einem zukünftigen Jetzt zurückschauen? Dann sind Sie am Ziel und erkennen, dass der Weg notwendig war oder das der Weg völlig unbedeutend war. Selbst wenn Sie aus Spaß an der Vergangenheit rumspielen, was sollte der Grund sein, an jeder Situation zu feilen? Und Spaß beiseite, vielleicht machen Sie ja genau das? Aber übertreiben Sie bloß nicht, sonst sorgen Sie noch dafür, dass Ihr altes Selbst eine neue Jacke bekommt, möglicherweise Eine, die hinten zugeschnürt wird.

Und würden Sie nicht versuchen, sich unangenehme Situationen zu ersparen? Vielleicht tun Sie genau das, aber manchmal hört man nur zu, wenn man durch „Fehler" schmerzhaft gelernt hat.

Würden Sie sich nicht sagen, wie sinnlos das ganze Spiel hier ist und dass es unendlich viele Abkürzungen gibt? Schauen Sie sich mal um, das ist genau was viele „Weise" sagen. Sind Sie bereit zuzuhören oder braucht es noch ein paar Schläge auf den Hinterkopf?

Die Geschichte der Finanzkrise

Wie alles im Leben kann Geschichte immer nur subjektiv sein. Es ist das Bild der Geschichte des Erzählers. Natürlich gibt es auch glückliche Ausnahmen, so ist z.B. in Deutschland die jüngere Geschichte gesetzlich festgeschrieben. Da sie offensichtlich ist, braucht man sich auch keine Gedanken mehr um mögliche Sichtweisen zu machen.

Außer, was offensichtlich ist, in der Deutschen Geschichte: das Erste das im Krieg stirbt, ist die Wahrheit. Die Geschichtsbücher werden immer vom Gewinner geschrieben. Weiterhin ist es einfach zu erkennen, ob ein Politiker lügt, in dem man die Lippen beobachtet. Wenn sie sich bewegen, hat man ihn bei einer Lüge ertappt. Auch wenn dies eigentlich jedem klar ist und man bei einer Gartenparty kaum auf Widerspruch hoffen kann, verhalten sich die meisten Menschen nicht entsprechend. Sie möchten sich nicht der Gefahr aussetzten, ihr Weltbild ändern zu müssen. So gut es verständlich ist, da die Zerstörung eines Weltbildes der Zerstörung der Person bei Ego-Behafteten gleichkommt, muss erkannt werden, wie rücksichtslos eine Forschung sein wird, die tatsächlich etwas erkennen möchte.

Die Geschichte der aktuellen Finanzkrise beginnt ziemlich genau vor 100 Jahren. Es ist die Krise von ein paar dunklen Gestalten, die ein Jahrhundert zuvor den Plan gefasst haben, mit ein paar Runden Monopoly, die Weltherrschaft zu erringen. Ein Plan, der leider zu gut funktioniert hat, weil nach der zweiten Runde es eigentlich schon nichts mehr

Nennenswertes zu erringen gab. Mit dem Ende des zweiten Weltkrieges gab es schon keine bedeutende souveräne Staaten mehr, die verbliebenen ließen sich leicht nebenbei auflesen.

1911 war es soweit, mit der „Olympic", dem Schwesterschiff der „Titanic", wird die Versenkung geübt und wertvolle Erkenntnisse für die unauffällige Ermordung einiger wichtiger Konkurrenten gewonnen.

Einige Tricks, wie die dann im letzten Moment doch noch abgesagte Teilnahme von „John Pierpont Morgen" und plötzlich fehlende Alternativen, haben wohl damalige Größen wie „Johann Jakob Astor", „Isidor Straus", „US-Präsidenten Berater Major Archie Butt" und „Benjamin Guggenheimer" auf die Todesfahrt gelockt. Zufällig fehlende Rettungsboote, keine Notausgänge und ein paar Bleikugeln in der ersten Klasse stellen sicher, dass wirklich nur Frauen und Kinder dort überleben.

Noch ein paar sorgfältig geplante, unglückliche kleine Zufälle und der erste Weltkrieg geht endlich los. Damals gab es tatsächlich noch ein paar Karten in unabhängigen Händen, die Naiven waren sie schnell los und für den Rest lief schon die Planung zur zweiten Runde. Roosevelt gewinnt die Präsidentschaft mit dem Versprechen, Amerika aus dem Krieg herauszuhalten, leider führt die unkonventionelle Verschrottung einiger überalterter Schiffe in Pearl Harbor dann doch zu der Änderung im Sinne der wohl eigentlichen Absicht. Zum Ende des zweiten Weltgeschehens wurde es wohl ziemlich knapp. Damalige noch funktionierende Schulen produzierten Ingenieure, unendlich viele neuartige und unkonventionelle Erfindungen und nicht zuletzt die Atombombe. Dimensionale Effekte, FOO-Fighters und Rundflugzeuge hätten heute auch eine ganz andere Welt darstellen können. Glücklicherweise hatten sich in den bereits verstrichenen Jahren vernünftige überstaatliche Organisationen aufbauen lassen. So kommt es immer wieder zu, für den Außenstehenden überraschenden „Wundern" auf den Schlachtfeldern. Die erbeuteten und nach dem Ende des Krieges live in Japan getesteten Waffen zeigten, in welcher Gefahr der Plan gewesen war. So aber konnte man mit den eroberten Erfindungen bequem die folgenden Jahrzehnte entwickeln.

Die Welt wird gemäß dem Dialektischen Prinzip in US und SU aufgeteilt, darin versteckt sich auch der „SS" Spieler, mit seinem Glaubensbekenntnis des „Satans Service".

Den Höhepunkt der Zusammenarbeit zur Auspressung des Planeten erleben diese Systeme mit der Simulation der Apollo Mondlandung. Eigentlich lief alles viel zu gut, aber das angestrebte Feudalsystem entspricht eher dem zentral gesteuerten Sozialismus, der ohne westliche Hilfe nicht überlebt hätte. So waren die Geheimdienste nicht nur der größte Unterstützer kommunistischer Parteien im Westen, sondern haben durch Wissenstransfer und Werksbau im Feindesland die Balance der Dialektik aufrechterhalten.

Da alles eigentlich im grünen Bereich war, konnten sich die Spieler auf sekundäre Ziele einschießen. Ihr feuchter Traum ist es, die in ihren Augen überflüssigen Menschen, also so ca. 99% der Menschheit loszuwerden. Es gab also die Idee, man könnte doch mal ein paar Jahre die Erde verlassen, damit dort mal ordentlich durchgekehrt werden kann. Wie man ein paar Hansel motiviert, das Portmonee für ein paar durchgeknallte Ideen zu öffnen, ist leicht zu durchschauen. Dass man damit auch noch eine Krise aus dem leidlichen Drogenkrieg beenden kann, wo die Franzosen es wagten, die Hand an das goldene Dreieck zu legen, kommt nur gelegen. Dummerweise wurde aber der Van-Allen-Gürtel entdeckt, selbst mit einer Atombombe konnte man kein Loch durchsprengen. Das Gegenteil war der Fall, durch die Explosion hat der Gürtel eine zusätzliche, ebenfalls für Leben undurchdringliche Schicht erhalten. Nachdem das mit dem Abhauen also geklärt war, konnten sich alle Staaten ziemlich schnell auf ein Ende aller oberirdischen Atomversuche einigen. Weil das Geld nun aber problemlos floss, konnte man natürlich auch ein wenig Hollywood dafür verkaufen. Auf dem Heldenfriedhof in Moskau soll tatsächlich das Grab des einzigen durch den Van-Allen-Gürtel geflogenen Menschen zu finden sein, die Lebenserwartung beträgt nach der Passage so ca. drei Tage. Danach gab es abgesehen von der Katastrophe mit dem „Skylab" keinen Versuch mehr, sich in eine stabile, aber leider zu weit entfernte Umlaufbahn zu begeben.

Es ist einfach nur krank, wenn man vermutet, das Militär würde Erstversuche oder Experimente mit ungetestetem Ausgang in der Öffentlichkeit vorführen. Um den Eindruck von Unfähigkeit zu verhindern, wird natürlich von den hundert Experimenten nur das gezeigt, welches auch bei hundert Tests immer funktioniert hat.

Was man den Leuten erzählt, ist natürlich eine andere Geschichte. Die Werte müssen so verdreht werden, damit niemand mehr einen gesunden Menschenverstand haben kann. „Die Verwirrung der Verwirrten wird verwirrend sein", ist das Motto; so können sich die Spieler am besten verstecken und beruhigen ihre Angst vor Konkurrenz. Diese Verdrehung ist mittlerweile so durchzogen, dass man richtig gute Ergebnisse bekommt, wenn man nur immer genau das Gegenteil vom Verbreiteten benutzt. Wenn alle einer Meinung sind, dann hat irgend jemand viel Geld dafür bezahlt, damit es genau so ist. Wer das Geld für eine Meinung hat, sollte nun ja bekannt sein. „Es gibt keine Heilung für Krebs" übersetzt sich dann in „Heilung kann man an jeder Ecke bekommen". „Die nicht ganz Konformen sind böse und gefährlich", bedeutet wohl „Da bekommst Du Hilfe und das ist gefährlich für uns". „Der Arzt hilft Dir" übersetze ich jetzt mal nicht, wer interessiert ist, kann einmal die WHO Impfstatistiken mit den Sterbestatistiken in Afrika untersuchen. Aber die biologischen Waffen funktionieren nun mal nicht vernünftig. Und ohne die Behandlung mit Rattengift würden selbst AIDS Kranke eine ordentliche Chance haben. Wenn man sich in Hollywood, der Weltbildschmiede, umschaut, kann man schon sehen, wie eine biologische Katastrophe herbeigesehnt wird. Leider wurden Viren bisher nur als Helfer bei Krankheiten nachgewiesen, zum Verbreiten solcher sind sie ungeeignet. Die Presse behauptet das Gegenteil? UPPS... Ist das jetzt die Bestätigung, dass es keine bösen Viren gibt?

Die Gentechnik scheint sich viel besser zur Bevölkerungsdezimierung zu eignen, hier kommt es bei Verzehr zu dominanten Zellschädigungen. Einen ansatz-weisen Schutz gibt es nur durch massive Anwendung des Vitamin E Komplex (natürliche Öle). Im allgemeinen gibt es nur eine Krankheit, wenn das Milieu des Körpers zu sauer wird. Die einzige funktionierende Kur ist dann auch, das Milieu wieder basisch zu bekommen. Daran lässt sich nichts verdienen, denn es bedeutet ein freudiges, gelassenes Leben zu führen, auf Alkohol, Medizin, Drogen zu verzichten und vegetarisch zu essen. Wasser, basische Kräutertees, Fruchtsäfte und Mineralien können anstelle von Symptombekämpfung wirklich helfen.

Ein anderer Weg, Licht auf die Geschichte zu werfen, ist es, sie aus dem Blickwinkel des Öls zu sehen. Zunächst ist zu verstehen, dass man Kinder mit Knecht Ruprecht und die größeren Kinder mit „Peak-Oil" erschrecken will. Wer noch seine fünf Sinne zusammen hat, erkennt leicht, wie absurd die Fossile-Öl Theorie ist. Öl entsteht in extremen Tiefen am Erdmantel, überall wo es massive Granitformationen in fünf bis acht Kilometer Tiefe gibt, lässt sich darunter (fast) beliebig viel und beliebig lange Öl fördern. Das Problem ist nicht die Energie, sondern der fehlende Respekt, den wir der Erde und damit uns selbst darbieten. Öl ist aber nur dann ein brauchbares Machtmittel, wenn es exklusiv und limitiert ist.

Wenn es irgendetwas im Überfluss in dieser Dimension gibt, dann ist es Energie. Die in Öl chemisch gespeicherte Bindungsenergie der Moleküle geben beim Aufbrechen ihre Kraft ab. Im teuren Hochleistungsöl werden die Kohlenstoffatome durch Silizium ausgetauscht, damit ein stabiler Schmierstoff entsteht. Hier ist noch mehr Bindungsenergie chemisch gespeichert, wie z.B. auch im Sand. Mit einem geeigneten Katalysator fährt Ihr Auto auch damit. Obwohl es gar nicht notwendig ist, so kompliziert zu werden. Selbst Magnetismus ist von der „Wissenschaft" noch nicht verstanden. Im Internet werden Sie mindestens zwei verschiedene Bautypen von funktionierenden permanent Bewegungsabläufen auf dieser Basis finden. Das Modell der Energieerhaltung ist zwar richtig, gilt aber nur für das geschlossene System. Ein Modell im Verstand kann aber niemals geschlossen sein, es gibt immer Lücken, durch die eine neue Definition möglich ist. Ein Weltmodell kann immer beliebig komplizierter werden und bietet damit eine unbegrenzte Anzahl von „widerspruchsfreien" Methoden zur Energiegewinnung. Und es gab in der Geschichte viele Beispiele von Systemen, die am Ende nur durch die Überzeugung des Erfinders funktioniert haben. Wenn genug Menschen diese Überzeugung geteilt hätten, würde es diese Methoden auch heute noch geben. Allerdings haben die Spieler im System kein Interesse, die Grundbedürfnisse des Volkes zu befriedigen.

Die Menschen werden lieber in Abhängigkeit und Angst gehalten, so sind sie erpressbar und leichter zu steuern.

Die Steuerung übernehmen die Medien und die Handlanger des Großkapitals. Vielleicht ist wieder einmal Mr. Wichtig auf einem Bild in Ihrer Zeitung zu sehen, dass Sie nicht einmal ins Familienalbum eingeklebt hätten, weil vielleicht die Brille auf die Nasenspitze gerutscht ist. Dies bedeutet jedoch nicht, dass der Redakteur unfähig ist. Es soll auch nicht den Durchblick desjenigen betonen, sondern will sagen, „Du hättest Deine Seele auch für die Hälfte verkauft, wenn Du wüsstest, was für einen geilen Deal ich gemacht habe". Besonders wenn das Foto keinen oder einen widersprüchlichen Bezug zum Begleittext hat, ist es verdächtig und hat bestimmt eine versteckte Aussage. So wird die Zugehörigkeit gerne mit Posen der bevorzugten Todesart unterstrichen, im Falle man „aus Versehen" ein kleines schmutziges Geheimnis verraten würde.

Leben ist Kreativität und das ist so verhasst, weil diese sich nicht wirklich kontrollieren lässt. Hin und wieder gelingt es einem Außenseiter auch ohne Mittel, einen Trend zu erkennen und zu setzen. Im Gegensatz zu dem entworfenen Weltbild fürs Volk, kennen die Spieler höhere Zusammenhänge. In dieser Welt gibt es nicht wirklich ein besser oder schlechter. Alles, was einen Vorteil hat, hat auch ein Nachteil und umgekehrt. Der Trick ist die bedingungslose Akzeptanz und danach gibt man der Sache den gewünschten „Spin". Wichtig ist die Verantwortung zu übernehmen, d.h. es zu dem eigenen Thema und Trend zu machen. Einen Gegner muss man bekämpfen, den eigenen Trend kann man steuern. So gab es einmal einen sinnvollen Film über Leben auf dem Mars oder einen intelligenten Film über Spiritualität wie „Matrix". Diese Themen werden dann übernommen, massenweise kopiert und langsam in den hirnlosen Einheitsbrei umgewandelt. Trotzdem sind manche Trends so stark, dass z.B. seit „Matrix" geistige Themen über intelligentere Streifen als „Horrorfilme" abgedeckt werden müssen. Die Angst vor der öffentlichen Meinung zwingt sie, da sonst die Gefahr von Filmen ohne die grundlegenden Wahrheiten fürs Volk besteht. Wo kämen wir hin, wenn plötzlich ein Arzt nur geldgierig wäre und die „böse" Rolle spielte?

Wenn auch 1950 noch die heutigen Standardwerke für Psychologie in den USA der Müllverbrennung übergeben wurden, ist dieses Vorgehen kaum noch modern. Auch wenn es einigen gelingt, sich mit Spaßdokumenten der Deutschen Reichsregierung erfolgreich vor der Zahlung von Strafzetteln und GEZ zu drücken, werden schwierige Themen besser ignoriert. Ein nicht rechtskräftiges Urteil, welches niemals mehr weiter verfolgt wird, reicht vollkommen, um einen Handel mit ungewünschten Büchern „auszusetzen".

Die Rechtslage ist so verkompliziert, dass man mit genug Geld immer Recht hat. Wogegen ein unliebsames Opfer völlig legal ruiniert wird, falls es wagt, über die Strasse zu gehen. Es wird ein Mensch kreiert, ein geistloses, besitzloses, verantwortungsloses, sittenloses, bindungsloses, gewissenloses und religionsloses Ameisenwesen, das wehrlos jeder Zumutung ausgesetzt ist.

Die Globalisierung funktioniert für die Konzerne, aber versuchen Sie einmal, mit einem Ersatzkanister zu viel über die Grenze zu fahren. Ihr Gehalt soll mit dem eines chinesischen Arbeiters konkurrieren, die DvD bekommt aber einen Regionalcode, um Ihnen die höheren Preise abknöpfen zu können. Verbrechen werden geduldet, aber der Mittelstand wird systematisch in die Enge getrieben.

Das Problem mit Unternehmern und Verbrechern ist, dass sie zu Leistungen in der Lage sind. Ein Unternehmer, der genug Geld und Macht angesammelt hat, kommt gelegentlich auf dumme Ideen. Er stellt Forderungen und entwickelt möglicherweise eine eigene Agenda. Plötzlich gibt es dann Spielfiguren, die sich für selbst für Spieler halten. Selbst Manager halten sich gelegentlich für reich und mächtig und wollen keine einfachen Figuren mehr sein. Wenn genügend Geld angehäuft wurde, ist den Allüren der Unabhängigkeit schwer beizukommen. Natürlich, es gibt Disziplinierungsmittel. Das Finanzamt findet längst vergessene Steuerunterlagen, ein kleiner Unfall im Familienkreis oder in krassen Fällen gibt es offene Gewalt, Entführung oder eine kleine Menge Blei, die mit ballistischer Geschwindigkeit umherfliegt.

Deshalb sind für das angestrebte Feudalsystem Politiker wesentlich besser geeignet. Nachdem ein Politiker erfolgreich ein Loch in den Schnee gepinkelt hat, weiß er, dass er auf die kreativste und größte Leistung seines Lebens schaut. Ansonst geht es ihm nur um das Erreichen maximaler Privilegien und die optimale Ausnutzung derer. Das Parteiensystem gibt nur dem eine Chance, bei dem die Rückgratlosigkeit ein Geburtsmerkmal ist. Wer in einer

Partei vorwärts kommen möchte, muss sich in alle Richtungen biegen und wenden können. Die Partei hat immer Recht, sie hatte immer Recht und sie wird immer Recht haben. Die vollkommene Unfehlbarkeit, selbst wenn dazu die Geschichte umgeschrieben werden muss. Wer weiter kommen möchte, fragt auf die Anweisung „Spring" auch nicht schlau „wie weit?" oder „wie oft, wie hoch?". Nur wer aufs Wort gehorcht, darf in höhere Ränge vorrücken und durch ein paar peinliche Vorlieben oder dunkle Vorfälle völlig erpressbar zu sein, ist auch ein fettes Plus auf der Karriereleiter.

Dieses Schlaglicht war notwendig, um zu verstehen, in welcher Welt wir uns befinden, wenn in den letzten Jahren des letzten Jahrtausends es anfängt, nicht mehr so gut für die Spieler zu laufen.
Durch die wiederholte Ausleihung des selben Geldes, wird der leistungslos abgeschöpfte Teil langsam untragbar groß. Die Auspressung entspricht einer Glockenkurve. Es fließt kein Saft, wenn der abgeschöpfte Teil bei „Null" liegt. Je mehr abgeschöpft wird, desto mehr kann leistungslos aus der Gesellschaft ausgepresst werden. Allerdings funktioniert dies nur so richtig bis zur Abschöpfung der Hälfte der Arbeitsleistung. Dann fängt die Ausbeutung an, den Prozess selbst zu behindern. Zum einen lässt sich jemand, der bemerkt, was passiert nicht mehr so einfach handhaben, und zum anderen lohnt sich die (Mehr-) Leistung kaum noch. Bei einer theoretischen Abschöpfung von 100% kommt auch nichts mehr raus, da es dann praktisch nichts mehr zum Ausbeuten gibt.
Auch wird es immer schwieriger, neue Mitspieler für den Kettenbrief zu finden, da das System exponentiell wächst

und immer schneller neue Schulden braucht. Die Personen, Firmen und Konzerne sind verschuldet. Die Gemeinden und der Staat haben ihren Spielraum schon weitgehend ausgeschöpft, da sie mit neuer Schuldenaufnahme einspringen mussten, wenn die Wirtschaft wegen rückgehender Kreditnachfrage ins Stocken kam.

Ein neues Weltgeschehen wird dringend notwendig, aber es gibt nichts mehr zu gewinnen.

Das Spiel benötigt einen neuen Start und es muss sichergestellt werden, dass dabei die Karten nicht neu verteilt werden. Das ist leichter gesagt als getan, wenn nur ein Spieler alle Karten in der Hand hält.

Auf der einen Seite ist die Vernichtung von Sachwerten und Infrastruktur notwendig, um mit dem Neuanfang eine Kreditnachfrage und damit ein „Wirtschaftswunder" in Gang zu bekommen. Auf der anderen Seite darf die Situation der Schuldner nicht durch eine Geldentwertung verbessert werden, aber gleichzeitig muss man noch vorhandene Ersparnisse und Vermögenswerte wie Rentenansprüche plündern.

Diese Situation führt seit den letzten Jahren des letzten Jahrtausends zu den verzweifelten, aber nur halbherzigen Versuchen, einen neuen Weltkrieg vom Zaun zu brechen.

Im „Neuen Markt" wurden Unternehmen, die noch niemals eine müde Mark verdient hatten, aus einer handvoll Computern bestanden und nur Geld verbrannten, mit Börsenwerten von Milliarden gehandelt. Der Hedge Fund LTCM bringt mit einer heute lächerlich wirkenden Milliarde beinahe das Kartenhaus zum Einsturz. Die interessante Phase des Zinssystems gewinnt Geschwindigkeit. Geld wird nur noch mit Betrug,

Manipulation und Insiderwissen gemacht. Enron zeigt, wie man mit erfundenen Werten eine große Kugel schiebt und Staaten rund um den Globus werden mit Währungsgeschäften zerlegt. Jede noch halbwegs funktionierende Firma in Deutschland kauft ein bankrottes US Unternehmen für eine Fortune auf, buttert noch ein paar Milliarden nach und bezahlt weitere Milliarden, um es wieder loszuwerden. Jedes Unternehmen, das auch nur den Anschein von vorhandenen Werten macht, wird fusioniert oder auch gleich von einer Heuschrecke aufgekauft. Riesige Schuldenberge werden damit geschaffen, die das Unternehmen dann auch noch selbst bezahlen darf.

Das Ziel ist immer das gleiche, die Befriedigung des Wachstumszwanges des Geldsystems.

Versuchen Sie einmal, Ihre in die Jahre gekommene Gartenhütte zu versichern. Jetzt noch ein paar ausgefallene Bedingungen aushandeln, wie z.B. die doppelte Versicherungssumme ist bei einer Gasexplosion fällig, obwohl es keine Gasinstallation dort gibt. Ein Woche nach der ersten Beitragszahlung trifft genau dieser Versicherungsfall ein. Wie lange, vermuten Sie würden Sie damit durchkommen? Die „warme Sanierung" von asbestverseuchten Hochhäusern schafft auch noch der letzte Ladendetektiv zu durchschauen, aber die massive Propaganda der gleichgeschalteten Medien schaffte es immer noch, die öffentliche Meinung unter Kontrolle zu halten.

Mit dem Platzen des neuen Marktes wäre das System mal wieder am letzten Ende angekommen. Die unglückliche Katastrophe, zufällig im richtigen Moment steuern ein paar Barbaren aus einer Höhle in Afghanistan Flugzeuge in ein Streichholzhochhaus, ermöglicht die Zinsen gegen Null zu senken und in die Kriegswirtschaft einzusteigen. Ein Tsunami entsteht nicht durch unterseeische Erdbeben, sondern eher durch die Verweigerung von Militärbasen, Unabhängigkeitsbestrebungen auch in der Energiepolitik und bei Versuchen zur Umweltkriegsführung. Wie zu sehen ist und war, führt ein Seebeben durch die lediglich Verschiebung von Wassermassen zu keinen bedeutsamen Wellen. Man benötigt schon ein sehr gezielt platziertes Atombömbchen, um der Politik störrischer Staaten eine kleine Erinnerung zukommen zu lassen.

Es werden in US Millionenkredite an illegale Einwanderer vergeben und jeden Tag gibt es neue Erfindungen von derivaten Finanzprodukten. Selbst eine Vorstadtbank, die etwas auf sich hält, schafft es, Positionen größer als der Staatshaushalt zu verschieben. Es geht um Wachstum und so lange es immer schneller wachsen kann, ist alles in Ordnung.

Da es trotz aller Anstrengungen mit dem Weltkrieg einfach nicht klappen will, wird von den „Think-Tanks" die Öko-Bubble als Methode zur weiteren Auspressung vorgeschlagen. Man kann sich über die Opfer lustig machen, denn endlich gelingt die Einführung der Atemsteuer und dies ist wohl auch noch das, was am leichtesten akzeptiert wird. Dank dem kurzen Gedächtnis der Massen kann man sie alle Jahre mit einer neuen Geschichte in Angst und Schrecken versetzten. Wald-sterben, Aids, Ozonloch, jetzt muss halt mal der Pflanzen-dünger CO_2 herhalten. Medien bereiten eine Hype vor, die Politik legt schnell mit Gesetzen nach. Prinzipiell war das ein gelungener Schachzug, aber es bezeichnet die Impotenz der Versager, das Spiel über die Grenze zu führen. Zwar wäre das Volk gerne bereit, sich für so eherne Ziele wie

Umweltschutz weiter versklaven zu lassen, aber die innere Ausbeutungsquote ist einfach schon zu hoch, dieser weitere Druck führt in der Konsequenz doch nur zu einem geringeren absoluten Betrag.

Krieg, Krieg, Krieg, der Spieler ist verzweifelt am Krakeelen. Zu viele Insider verstehen wie der Hase läuft und nicht jeder hat die Moralvorstellung eines Kuhfladens. Mancher Killer versteht auch, wie er mit dem Auftragsmord sich selbst in Gefahr bringt. Es wird immer schwerer für den Spieler, jemand für eine Tat zu überzeugen, durch die der Täter sich selbst unter Druck setzt. Da verschwindet schon mal eine Atomwaffe für dunkle Zwecke, nur um von einem Kasernenmagazin im unpassenden Moment wieder gefunden zu werden. Ein Bomber, der eine verbotene Grenze überfliegt, findet sich plötzlich im „friendly fire" wieder und wird durch eine Notlandung an seine eigentliche Aufgabe erinnert.

Langsam werden auch alternative Strategien erwogen. Mittlerweile wäre sogar eine Seuche, die entsprechende Grenzschließungen und Devisenkontrollen ermöglicht, akzeptiert. Es muss um jeden Preis verhindert werden, dass die Bevölkerung das eigentliche Problem versteht und möglicherweise anfängt die richtigen Fragen zu stellen.

Es ist nicht gelungen, mit dem Öko-Terror eine Blase zu schaffen, die das Platzen der Immobilienblase auffangen konnte. Subprime Finanzierung von Häusern und die weltweite Umlegung des Risikos war der letzte Schritt, der das System noch am Laufen hielt. In dem Moment, wo zu viele an der Rückzahlbarkeit zweifelten und den Markt für zu extrem überbewertet fanden, ist die Kreditexpansion zusammengebrochen.

Dadurch geht das System in eine Deflation über. Der Geldkreislauf bricht zusammen, da wegen der Ausfallgefahr des Geschäftspartners kein Geld mehr verliehen wird. Die Staaten versuchen, dies zu überbrücken und werden vom „lender of last resort" zum „only lender". Die Geldmenge wird unglaublich ausgeweitet, eine Verdopplung des Staatshaushalts findet in nur Wochen statt. Inflation ist aber nicht das Steigen der Preise, sondern das Steigen der Geldmenge im Verhältnis der Warenmenge. Irrwitzige Buch- und Papiergeldmengen versuchen irgendwie in Sachwerte zu kommen.

Alle öffentliche und von Steuergeldern bezahlten Strukturen werden privatisiert. Städte verkaufen alle Infrastruktur, um sich abhängig zu machen und dem Vermögenden langfristig weiter das leistungslose Einkommen zu sichern. Der Staat kauft die wertlos gewordenen Wertpapiere zum Nennwert, um Unternehmen zu retten und um zu verhindern, dass Derivate schlagend werden. GM, eine Bank mit angeschlossener Autowerkstatt, hat ein negatives Eigenkapital von 60 Milliarden Dollar. Eigentlich bezeichnet man ein Unternehmen mit auch nur einem Dollar negativem Eigenkapital als Pleite. Die Bonds werden mit 2/3 Abschlag gehandelt, dass entspricht einer Verzinsung von 27%. Dies ist ein kleiner Vorgeschmack darauf, was sich noch so im Busch befindet. Die ehemals weltgrößte Versicherung AIG wird immer wieder mit mehrstelligen Milliarden Beträgen gerettet, ihr Derivatenportfolio ist im Trillionenbereich größer als das Bruttosozialprodukt der Erde. Und wir reden nur über eine Firma, die mit ihren Kreditausfallversicherungen das Weltfinanzsystem augen-blicklich umwerfen würde. Diese Schritte von einer Markt-Wirtschaft zur sozialistischen

Planwirtschaft wird den Dollar, eher früher als später, das Schicksal der Währungen der sozialistischen Planwirtschafts-Staaten teilen lassen. Vom Status der Weltreservewährung wird nach dem Verlust der Konvertierbarkeit nichts übrig bleiben.

Der Welthandel und die Produktion kommt zu einem Nothalt. Für die Tonne Schrott wird im Sommer 2008 noch EUR 800,- gezahlt, Ende Herbst gibt es keinen Pfennig mehr dafür. Mit jedem Container, der noch über die Weltmeere geschifft wird, subventioniert die Reederei nun ungefähr die Hälfte der Betriebskosten. Während Monopolpreise immer weiter steigen, befinden sich Preise für Finanzprodukte im freien Fall.

Die Staatsgarantie für Geldanlagen ist der Witz von Münchhausen. Der Steuerzahler garantiert mit seinen Zahlungen für sein Guthaben. Wenn es also mit Betrügern oder durch unfähige Manager abhanden kommt, muss er sich nur an sich selber wenden, um es sich zu ersetzen. Super Plan, kommt garantiert von einem Wirtschafts-ökonomen. Der wird es vermutlich auch dann noch nicht verstehen, wenn er mit einer Krawatte aus einem Ab-schleppseil von ein paar verärgerten Sparern zur Laterne getragen wird.

Die einzigen verbleibenden vernünftigen Investitionen sind Konserven und Gold. Wegen des weltweit ausgelegten Finanzsystems kann eine Währung nicht mehr so leicht abverkauft werden, da nur ein Mistpapier gegen ein anderes getauscht würde. Das Ganze ist überhaupt nur deshalb noch am Zucken, weil kein gangbarer Ausweg zu sehen ist. Wenn nicht doch noch ein Neustart des Systems durch einen Weltkrieg gelingt, wird es trotzdem irgendwann nicht mehr gelingen, Käufer für die Staatschulden zu finden. In immer größerem Ausmaß kauft der Staat seine eigenen Papiere auf, bis auch der Letzte die Wertlosigkeit erkennt. Damit ist die Währung dann nicht mehr handelbar, die Zinsen müssen ins Unermessliche steigen. Was Argentinien schon vorgelebt hat und was jetzt auch in Island oder Ungarn zu sehen ist, wird immer mehr Staaten treffen.

Die Zerstörung der Währung wird keine Regierung überleben. Mit der Regierung wird sich der Staat auch allen Verbindlichkeiten entledigen. Werden wir mit einem blauen Auge, ein paar Bankfeiertagen und einigen Versorgungsengpässen davon kommen? Oder wird der Zusammenbruch der öffentlichen Ordnung eine länger Zeit der Anarchie mit Kampf ums Überleben bringen? Die Zusammenhänge lassen sich besser kausal beschreiben. Was aber wirklich passiert, ist eine Funktion des Willens der Menschen. Wie es also danach weiter geht, liegt am Bewusstsein der Menschen. Werden Sie bereit sein, selbst Verantwortung zu übernehmen oder werden Sie sich weiter führen lassen wollen?

Die kleine Geschichte eines großes Wunsches

Damit das hier alles auch als Märchenbuch durchgehen kann, legen wir mal eine kleine Geschichte ein. Eine kleine Geschichte eines großen Wunsches oder die große Geschichte eines kleinen Wunsches ... oder jedenfalls so ähnlich.

Mitwirkende und Hauptpersonen:

Der liebe Gott: **Gott**

Der Wunsch: **Wünsche**

Eine beliebige Person: **Ein Ich**

Eines lieben Tages ging ich also die Straße so vor mich hin (rieb an der alten Lampe, fing diesen großen seltsamen Fisch, o.ä.), da kommt mir doch glatt der liebe Gott entgegen und sprach: "Du bist doch echt ein netter Junge (nettes Mädchen), so will ich Dir einen Wunsch gewähren!".

Das ist doch echt ein Ding, dachte ich so bei mir und überlegte erst einmal, wo der Trick oder die Falle war. "Was für ein Wunsch darf es denn sein" fragte ich, "gibt es Limitationen?"
"NEIN" sprach er mit gewaltigem Echo, "die einzige Beschränkung ist die Beschränkung Gottes; und dies

bedeutet, dass ich Dir nicht Deinen freien Willen nehmen kann."

" - Dann könnte ich mir zunächst doch erst einmal drei offene Wünsche wünschen!"
"Sicherlich" hallt es noch von den fernen Wänden zurück.

" - Ich könnte mir zunächst 1.000 freie Wünsche wünschen; oder besser noch, dass alle meine Wünsche jederzeit erfüllt werden" dachte ich so halblaut vor mich hin.
"JA" sprach Gott, "aber ein besonders weiser Wunsch wäre es natürlich nicht. Wer wünscht sich schon etwas, was er sowieso schon hat?"

" - Das verstehe ich nicht so einfach ...."
"Dabei ist es gar nicht so kompliziert" erwidert er. "Wenn Du einen Wunsch hast, wird er erfüllt. Deine Schwierigkeit liegt lediglich darin, dass Du Dir ständig Dinge, Situationen und Weltbilder wünschst, die nicht miteinander harmonieren. Ich gebe Dir ein Beispiel: Du wünschst Dir einen BMW und einen Mercedes, und außerdem möchtest Du nur ein Auto haben. Also erfinde ich die Zeit für Dich, schenke Dir den BMW, lasse Dich einen Totalschaden damit haben und schon bist Du frei für den Mercedes. Du siehst also, dass es die Konsequenzen (Karma) Deiner Wünsche sind, die Dir manchmal das Gefühl geben Wünsche nicht erfüllt zu bekommen. Wenn Du mich nur machen ließest...., aber nein, da Du Dir sehnlichst wünschst, dass Dein Weltbild nicht verändert wird, bleibt einfach nur das Ausweichen in der Zeit - bis Du endlich die Erfüllung ermöglichst.

Ein weiteres Beispiel hierfür: Du möchtest sitzen und stehen, zur gleichen Zeit...., möchtest Deinen Körper aber nicht verändern und möchtest Deine Vorstellung von Raum und Zeit behalten. Kein Problem für mich, aber Du scheinst es offensichtlich nicht mehr als Dein Wunsch zu erkennen.

Hier liegt die große Kraft des positiven Denkens, NLP oder ähnlicher Techniken. Glaube mir, dass derjenige, der eine Einheit im Denken, Fühlen und Handeln lebt, viel klarer die Konsequenzen (Erfüllung) seiner Wünsche bemerkt.

Ein Glaube ist nur eine besonders starke Version eines Wunsches, und Wissen ist der stärkste Wunsch. Wie alles wird es auch sofort von mir erfüllt, wenn nicht ein anderer oder stärkerer Wunsch (Glauben/Wissen) dem im Wege steht. Daher ist Dein Wissen lediglich die Gewohnheit, daß diese Wünsche üblicherweise sofort erfüllt werden."

" - Vielleicht verstehe ich jetzt so ungefähr, was Du mir sagen willst, aber wenn ich mir nur wünsche glücklich und zufrieden zu sein, sollte das doch eigentlich einfach zu erfüllen sein?"

"TJA", sprach Gott "Dein Problem ist, dass Du gar keine Idee hast, wer Du bist. Dein Körper wünscht sich etwas, was Deinem Verstand nicht gefällt, Dein Gefühl hat Wünsche, die dem Ego missfallen und von Deinem höheren oder niederen Selbst (Unterbewusstsein / Wachbewusstsein) oder ähnlichen Konzepten will ich erst gar nicht anfangen. Klar werden sie alle erfüllt! Aber ein Teil von Dir scheint immer am mosern zu sein. Und welcher Teil von Dir kickt Dir in den Hintern, wenn alles harmonisch und zu schön ist, um wahr zu sein? Erfülle ich Dir dann vielleicht den Wunsch nach neuen Aufgaben und danach, etwas zu lernen?"

" - Wenn das so ist" überlege ich, "was kann dann noch ein guter Wunsch sein? Dass ich von den Konsequenzen meiner Wünsche bewahrt werde? Wäre das nicht, wie Geld zu bekommen, dass nichts wert ist? Dass ich keine Wünsche mehr habe? Dass ich erkenne wer/was ich bin? Antwort auf alle Fragen?"

"Die bekommst Du sowieso" fällt Gott mir ins Wort, "Du hörst halt nur ständig weg, wenn Dir die Antwort nicht gefällt. Ich bin dann ständig am umformulieren, bis ich etwas finde was noch ein bißchen wahr ist und Dir trotzdem ins Weltbild paßt. Aber weil Du ernsthaft am Nachdenken bist, will ich Dir einen Tipp geben; ich kann "Liberation" gewähren."

" - Befreiung vom Rad der Wiedergeburt? Befreiung von den Konsequenzen meines Handelns, meiner Wünsche (Karma)? Aber wäre dies nicht nur ein weiterer Wunsch? Kann ich die Konsequenzen dieses Wunsches überschauen? Wie kann ich wissen, ob ich es wirklich will, wenn ich nicht einmal verstehe, was/wer ich bin? Wo nur Du weißt, was wirklich richtig für mich ist, woher ich komme - wohin ich gehe; was meine wahren Werte und Ziele sind? Nein, ich wünsche mir ´OM NAMOH NARAYANAYA´ (GEPRIESEN SEI DER HERR DER WELT)!"

"Good choice - Gute Wahl!!". Sprach´s und blieb für immer da....